国家艺术基金资助项目

艺术成本结构
调研报告

国家艺术基金艺术成本结构课题组　著

文化艺术出版社
Culture and Art Publishing House

图书在版编目（CIP）数据

艺术成本结构调研报告/国家艺术基金艺术成本结构课题组著. — 北京：文化艺术出版社，2018.12
ISBN 978-7-5039-6622-4

Ⅰ.①艺… Ⅱ.①国… Ⅲ.①艺术市场—成本管理—调查报告—中国 Ⅳ.①J124

中国版本图书馆CIP数据核字(2018)第279498号

艺术成本结构调研报告

著　　者	国家艺术基金艺术成本结构课题组
责任编辑	吴士新
书籍设计	楚燕平
出版发行	文化藝術出版社
地　　址	北京市东城区东四八条52号　（100700）
网　　址	www.caaph.com
电子邮箱	s@caaph.com
电　　话	（010）84057666（总编室）　84057667（办公室） 　　　　84057696—84057699（发行部）
传　　真	（010）84057660（总编室）　84057670（办公室） 　　　　84057690（发行部）
经　　销	新华书店
印　　刷	国英印务有限公司
版　　次	2019年7月第1版
印　　次	2019年7月第1次印刷
开　　本	710毫米×1000毫米　1/16
印　　张	14
字　　数	160千字
书　　号	ISBN 978-7-5039-6622-4
定　　价	68.00元

版权所有，侵权必究。如有印装错误，随时调换。

艺术成本结构课题组成员及分工

首席专家　韩子勇

专　　家　王　勇　张　堃　秦　文　张　艳

执行统筹　张　艳

调研组成员　张　艳　杨舟贤　李鹏宇　洪　宇
　　　　　　高孝玲　郑　芮　王子衡　高佳彬

执　笔　高佳彬
总编审　韩子勇

目　录

第一部分　调研工作的基本情况 …………………………………… 1
一、调研目标 ………………………………………………………… 1
二、调研背景 ………………………………………………………… 3
三、调研思路和方法 ………………………………………………… 6
四、调研程序及结果回收情况 ……………………………………… 9
　（一）委托中国文联所属文艺家协会开展的调研 ………………… 9
　（二）依托年度集中巡查监督开展的调研 ……………………… 16

第二部分　调研数据分析情况 …………………………………… 21
一、舞台艺术创作 …………………………………………………… 21
　（一）对资助额度的意见 ………………………………………… 22
　（二）对开支类别构成的意见 …………………………………… 32
　（三）对开支类别名称及范围定义的意见 ……………………… 50
　（四）对开支类别限额标准的意见 ……………………………… 56
　（五）小结 ………………………………………………………… 76
二、传播交流推广 …………………………………………………… 84
　（一）对开支类别构成的意见 …………………………………… 85
　（二）对开支类别名称及范围定义的意见 …………………… 110
　（三）对开支类别限额比重标准的意见 ……………………… 119
　（四）小结 ……………………………………………………… 124
三、艺术人才培养 ………………………………………………… 128

（一）对开支类别构成的意见 ·················· 128

　　（二）对开支类别名称及范围定义的意见 ·········· 141

　　（三）对开支类别限额比重标准的意见 ············ 146

　　（四）小结 ································ 150

四、青年（个人）艺术创作 ························ 156

　　（一）对资助额度的意见 ······················ 156

　　（二）对开支类别构成的意见 ·················· 163

　　（三）对开支类别名称及范围定义的意见 ·········· 172

　　（四）对开支类别限额标准的意见 ················ 174

　　（五）小结 ································ 183

第三部分　结论与建议 ························ 191

后　记 ·· 201

致　谢 ·· 203

为贯彻落实中宣部宣传思想文化战线大调研电视电话会议精神，做好《国家艺术基金资助项目经费管理办法》（以下简称《办法》）出台的前期调研工作，国家艺术基金管理中心将"艺术成本结构"列为2018年度核心调研选题，2018年2月至7月，从双线开展"艺术成本结构"专题调研，以大调研推动大落实、促进新发展。现将调研结果整理分析情况汇报如下。

第一部分　调研工作的基本情况

一、调研目标

1.专业、客观地反映艺术开支规律。本次调研以"艺术成本结构"为主题。艺术本身即具有复杂性、多样性的特点，加之在我国不同体制、不同背景下社会化、市场化资源在集聚与投入上存在不平衡，创作生产机制与体制长期错配，所产生的大量具体诉求又是相互冲突、错综交织的，这些也映射到具体活动的艺术成本开支之中，使其成为一个"超难课题"。此次调研的目标是厘清不同门类艺术活动开支中复杂扰动的各影响因子，确立因子间最为稳定的分布排列结构，尽可能中立、客观、贴近实际地反映成本开支结构组成、开支类别名称和定义，以及不同地域、不同性质、不同层级艺术机构、单位的一般开支额度、比例标准等情况，求取出"最大公约数"。

2.形成《办法》的核心部分。在对不同门类艺术活动成本结构呈现的基础上，形成《办法》核心的经费开支、结构组成、科目设置、经费额度等部分，让《办法》的出台有理可依，有据可循，切实遵循艺术发展规律、创作规律、传播规律、人才成长规律，符合艺术工作实际。确保在依据《办法》进行经费使用与监管上，兼顾原则性与灵活性，让经费为人的创造性活动服务，而不能让人的创造性活动为经费服务[1]，切实提高艺术基金的科学化管理水平，实现最佳资助效果。

3.引导、规范行业开支行为。随着我国经济体制改革的不断深化，市场机制在艺术活动中的参与度和影响力越来越高，其基于供需关系形成的价格行为往往会对行业开支秩序造成区域性甚至全局性的影响。艺术领域不同于一般的经济领域，尤其是基于资质性人工产出的表演艺术，艺术生产率与效益增长远远滞后于人工成本的增长，亏损是持久且不断扩大的。[2]在国内统一的艺术活动的要素市场发育迟缓，尚未建立起一个要素自

---

[1] 习近平：《在中国科学院第十九次院士大会、中国工程院第十四次院士大会上的讲话》，《人民日报》，2018年5月29日。

[2] Baumol, W. J., Bowen, W. G. (1966). *Performing arts - the economic dilemma: a study of problems common to theater, opera, music and dance*. New York: Twentieth Century Fund.

由流动、资源高效配置、市场深度融合、信息充分传导的市场机制的背景下，建立在信息不对称基础上的行业内市场价格行为实际上偏离基本的均衡价值基准，一些行当的人工成本存在畸高或畸低的情况，加深了艺术创作生产的窘迫情况。《办法》的制订也是为进一步引导、规范行业价格行为，对行业领域内盲目随行就市、追逐市场调控的行为有所纠正，最终推动艺术事业更加健康稳定地发展。

二、调研背景

艺术基金的资金主要来自中央财政拨款，主要用于项目资助，亟须有一套贴合艺术成本开支规律，符合现代治理能力和治理水平的专项制度进行管理。艺术基金筹备初期，即牢固树立"制度为本、制度先行"的理念，即启动《国家艺术基金章程》《国家艺术基金项目资助管理办法》《办法》等三大基础性制度的制订工作。在艺术基金成立之初，对于用基金制的方法开展项目制的资助工作没有先例和具体实施经验。加之艺术门类众多，艺术活动具有创造性，环节多，规模大，个性突出，与大批量复制生产和技术与标准的通用化的经济领域全然不同，当时出台《办法》条件不成熟。经财政部、原文化部同意，暂缓出台《办法》。

在此背景下，为保证经费监管不缺位，经与财政部原教科文司会商，从艺术基金的首个运行年度开始，对项目经费管理的要求、措施，包括预决算、开支范围等相关管理规定，分散置入《申报指南》《项目申报预算表》和项目签约时签订的《资助协议书》当中。这些内容都通过前期调研、专家研讨等程序，经多次修改、研究后形成正式的文件，同时报请原文化部、财政部主管司局审定，国家艺术基金理事会通过。定下可开支类别之后，艺术基金也多举措谋求对可开支的经费额度进行限定。一是探索进行科学化资金核定。2014年，管理中心即组织专家按分类对部分大额资助项目进行了资金核定，对项目经费预算"挤水分"，在保证项目艺术质量的基础上对成本进行合理控制。2015年，经深入论证、反复测算和验证，形成了对"传播交流推广""艺术人才培养"资助项目的资助额度核定方案和资金核定公式，并正式报请原文化部、财政部主管司局审定，国家艺术基金理事会通过。在此基础上，由管理中心组织项目管理专家、财务专家、艺术专家，按照《申报指南》的要求，根据各项目单位申报的实施方案，对资助项目金额进行逐一复核，结合公式测算金额给出核定金额，并经原文化部、财政部批准，国家艺术基金理事会审定通过，最终确定项目资助金额，向社会公布。2016年，根据调查研究和专家组建议，对"传播交流推广"资助项目和"艺术人才培养"资助项目经费核定公式进行了细化调整。同时，根据2015年度原文化部对直属事业单位财务工作考评中提出"管理中心的财务工作不仅要参与到项目的后期管理，对于项目资金的核定等工作也要起到把好经费使用关的作用"的建议，管理中心召开专题会议，组织专家对2016年度拟立项资助项目资助资金进行全面复核，进一步规范了工作程序，总结了工作经验，完善了资助资金核定流程，对下一步的传播交流推广及人才培养类项目的资助核定公式也提出了详细有效、可操作的修改意见。二是研究制订项目经费开支限额标准。2017年，在上一年度资金核定工作改进的基础上，结合2014年、2015年两个年度项目经费使用与财务结项验收情况，对四年来所资助的三千余个资助项目、经费管理经验与规律进行高度凝练，经专家认可，制订并执行了"舞台艺术创作"中的"大型舞台剧和作品"资助项目、"传播交流推广"资助项目、"艺术人才培养"资助项目的预算开支类别限额与比重标准。标准直接作用于申报上述资助项目的主体预算编报与执行，对项目主体可开支经费科目类别的最高额度或比重进行了限定。在本次"艺术成本结构"调研中，相关的限额标准也将是"艺术成本结构"调研论证的重点，将根据调研成果进一步调整、细化项目开支范围和开支强度标准，持续优化资助结构。可以说，近五年来，通过不断地摸索、总结、凝练规律、细化、完善了经费资助与监管标准，强化了经费把关职能。后续将加紧总结提炼有关经费监管实践经验，为《办法》的出台筑牢根基。

经过近五年基金制管理、项目化运作，走完几轮项目申报评审、实施监督、结项验收和成果运用的资助完整流程后，我们对项目经费管理规律、各艺术门类活动的成本构成有了较为全面的认识和经验积累，出台《办法》的时机已经成熟。2018年年初，管理中心正式将制订、出台《办法》列入年度重点工作规划，并将"艺术成本结构"调研列为年度核心调研选题，以"大调研"开路，做好《办法》起草前期准备工作。

三、调研思路和方法

"艺术成本结构"调研以委托调研、直接调研两种形式具体开展，为保证整体调研的广泛性、专业性与权威性，经研究决定，一方面，委托中国文学艺术界联合会（以下简称中国文联）所属的中国戏剧家协会、中国音乐家协会、中国美术家协会等十家全国文艺家协会在文艺界广泛开展具体的调研论证工作；另一方面，借助艺术基金年度集中巡查监督工作开展对不同地区艺术机构、单位及从业人员的直接调研。截至目前，双线调研成果已全部收回。选择双线调研的形式，主要基于如下考量。

1. 专业性。全国文艺家协会是文艺创作者与从业人员自愿结合的专业性团体，是各类文艺创作者与从业人员之家，下设的专业委员会（艺委会）已发展为各艺术门类艺术家、专家发挥专业特长的有效平台，在推动本门类艺术发展、推动行业建设等方面发挥出积极作用。同时，各文艺家协会的主席团中有较高比例为国家艺术基金专家库专家，在项目的初评、复评中，在项目实施过程的监督管理中,在项目的结项验收与成果运用中,都充分发挥了专家作用,保证了艺术基金运行的专业化、科学化。各文艺家协会及其所属团体机构、艺术家会员作为我国艺术领域里的创作力量,很多也是艺术基金资助项目申报与实施的中坚力量。可以说,各文艺家协会承担此次调研的专业性基础较好。而通过集中巡查监督工作开展的直接调研,调研对象主要为一线文艺机构、单位的管理者、创作者与其他从业人员,对于艺术创作生产活动的具体组成结构,具体业务活动的开支经费范围和额度,各艺术门类活动的成本控制都有着多年的专业实践经验与把握能力,调研覆盖该类群体,也是让内行人做内行事,保证结果的可靠性与专业性。

2. 广泛性。各文艺家协会是全国性的社会团体组织,地方分会及分支机构覆盖31个省(区、市),以及各产业行业系统,个人会员也遍布各层次、各类型的艺术机构,能了解到项目实施中经费在不同地域,不同层级,不同性质机构、单位的使用差异和各产业行业内的平均支出水平。在此基础上,年度集中巡查监督覆盖31个省(区、市),对各地区艺术机构、单位以及艺术从业者开展直接调研,极大地延展了调研覆盖面,且在纵深上拓展了调研层次。

3. 权威性。中国文联是我国最大、最权威的文艺组织,现有中国作家协会(独立行政单位)、中国戏剧家协会、中国电影家协会、中国音乐家协会、中国美术家协会、中国曲艺家协会、中国舞蹈家协会、中国民间文艺家协会、中国摄影家协会、中国书法家协会、中国杂技家协会、中国电视艺术家协会、中国文艺评论家协会等14个专业性全国文艺家协会，各协会连接着全国各级各类文艺资源，拥有10万名国家级文艺家会员、1000万文艺大军。长期以来，全国文艺家协会对各团体会员、文艺工作者和新的文艺组织、新的文艺群体履行团结引导、联络协调、服务管理、自律维权的基本职能，发挥在行业建设中的主导作用。根据各艺术门类不同行业行当自身的独特性和发展规律，制定出一批既具有针对性、可操作性，又具有约束力、影响力的行业标准和行业规范，是各艺术门类行业标准和行业规范的主要制定者，在业界起到明确导向方向，明确基本标准，树立行为规范，维护行业秩序的规范性、权威性作用。

4.独立性。调研成果的有效性要用科学的方法来保证，程序公平、方法科学，最终会有一个令人信服的结果。中国文联所属的各文艺家协会，是相对独立于国家艺术基金管理中心之外的专业性、智库型的第三方机构，可以客观、专业、公正、透明地评估国家艺术基金现行资助的各艺术门类项目的经费类别结构及经费额度设置的合理性，给出可操作的专业性建议。在管理中心直接开展的调研中，也设置了对已完成项目实施、目前不承担艺术基金资助项目的艺术机构、单位以及艺术家个人的调研，以保证调研的独立性，也使得整体调研程序更为严谨科学。

四、调研程序及结果回收情况

（一）委托中国文联所属文艺家协会开展的调研

1. 调研程序

2017年11月，管理中心经多次研究，最终确定"艺术成本结构"调研方案，并就此与中国文联展开沟通，初步达成一致意向。为协调推进调研工作，管理中心向理事会领导、分管部门领导先后报送了《关于拟请中国文联协助开展艺术成本结构调研工作的请示》（艺金报〔2017〕96、97号）。经批准，2018年2月，由原文化部办公厅向中国文联办公厅印送了《关于商请协助开展艺术成本结构调研的函》。中国文联党组书记李屹作出重要批示，要求中国文联有关部门、相关协会高度重视此项工作，并积极协调配合。经紧密协商，3月23日，于中国文联大楼文艺家之家召开了国家艺术基金"艺术成本结构"调研座谈会，中国文联办公厅主任邓光辉，副主任鲁航、汪泽，十家文艺家协会、中国文学艺术基金会的分党组成员和秘书长等负责同志出席。会议主要围绕"艺术成本结构"调研的背景、主题、工作程序、预期成果进行宣讲与工作部署，并按照协会所处艺术领域分类下发了合计77类艺术细类的调研材料（协会分类调研方案见表1）。委托十家全国文艺家协会，会后在他们的专业委员会（艺委会）、地方分会、个人会员、兄弟单位中广泛开展调研。

表1　协会分类调研方案

序号	协会名称	分派调研艺术细类				分派类别数目
1	中国戏剧家协会	话剧	地方戏	京剧	网络文艺创作人才培养	14类
		昆曲	儿童剧	小剧场戏剧	青年舞台表演人才创作	
		国(境)内巡演	国(境)外巡演	创新跨界融合		
		运用互联网、新媒体演出	青年戏剧编剧人才创作	舞台艺术人才培养		
2	中国音乐家协会	歌剧	国(境)内巡演	国(境)外巡演	网络文艺创作人才培养	11类
		音乐剧	民族管弦乐	交响乐	青年指挥人才创作	
		运用互联网、新媒体演出	创新跨界融合	青年音乐作曲人才创作		
3	中国美术家协会	国(境)内巡展	国(境)外巡展	运用互联网、新媒体开展巡展	美术书法人才培养	11类
		网络文艺创作人才培养（中国画）	青年中国画人才创作	青年油画人才创作	青年水彩（粉）画人才创作	
		青年版画人才创作	青年雕塑人才创作	青年工艺美术人才创作		
4	中国曲艺家协会	曲艺中篇	曲艺长篇	创新跨界融合	青年曲艺编剧人才创作	8类
		国(境)内巡演	国(境)外巡演	运用互联网、新媒体演出	青年舞台表演人才创作	

(续表)

序号	协会名称	分派调研艺术细类				分派类别数目
5	中国舞蹈家协会	舞剧	创新跨界融合	国（境）内巡演	青年舞台表演人才创作	8类
		国（境）外巡演	舞台艺术人才培养	青年舞剧编导人才创作	青年舞蹈编导人才创作	
6	中国民间文艺家协会	木偶剧	皮影戏	创新跨界融合		9类
		国（境）内巡演	国（境）外巡演	国（境）内巡展	国（境）外巡展	
		青年版画人才创作	青年工艺美术人才创作			
7	中国摄影家协会	国（境）内巡展	国（境）外巡展	运用互联网、新媒体开展展览	青年摄影人才创作	4类
8	中国书法家协会	国（境）内巡展	国（境）外巡展	运用互联网、新媒体开展展览	美术书法人才培养	5类
		青年书法篆刻人才创作				
9	中国杂技家协会	杂技剧	创新跨界融合	国（境）内巡演	国（境）外巡演	6类
		舞台艺术人才培养	青年舞台表演人才创作			
10	中国文艺评论家协会	文艺评论人才培养				1类
汇总						77类

在中国文联座谈会召开后，经各协会分党组研究部署，成立相应的专题调研工作组，按照分派艺术细类的调研要求与程

序，并结合协会工作实际，采用了函询、电话调查、访谈、研讨等多种形式，发放调研意见表，组织专业人士填写论证。收到调研意见表反馈后，各协会对各类各项意见进行了收集、整理和统计，并邀请专家进行小范围复核把关，填入协会汇总表中，最终由协会分党组审核无误后，加盖协会公章，并向管理中心寄送。

2. 结果回收

截至2018年6月25日，所有全国文艺家协会完成材料报送，委托调研阶段正式结束，共历时94天。经统计，在委托调研期间，相关全国文艺家协会共发放3158套调研意见表材料，在规定回收期内完成回收1890套，回收率约为60%[1]。对协会调研回收数据进行采集，清除无意见、空白项、不相关意见，共录得有效意见数据（规模指标）145806条。其中，来源于中国戏剧家协会的意见有82880条，占56.84%，其次为中国美术家协会17878条，再次为中国曲艺家协会17143条。从单个样本平均有效意见条数（质量指标）来看，中国戏剧家协会为148条，其次为中国文艺评论家协会109条，再次为中国美术家协会76条。

在收集到的有效意见数据基础上，对重复或同类相近意见数据进行合并清洗后，统计得到4624条唯一性数据，2072条来自中国戏剧家协会，中国美术家协会录得718条，中国曲艺家协会收录回复数553条。具体数据回收整理情况见表2。

---

[1] 调查回收率 = 回收数 / 调查样本总数（含拒绝、无法接触、无应答样本数量）。

表2 协会调研意见数据回收情况(单位:条)

协会名称	分派调研艺术细类	调研样本量	回收样本量	有效意见条数[1]	合并后意见条数[2]
中国戏剧家协会	话剧	42	40	8720	218
	京剧	42	40	10080	252
	昆曲	42	40	10600	265
	地方戏	42	40	9480	237
	儿童剧	42	40	9080	227
	小剧场戏剧	42	40	8760	219
	创新跨界融合	42	40	8160	204
	青年舞台表演人才创作	42	40	3680	92
	青年戏剧编剧人才创作	42	40	3760	94
	国(境)内巡演	42	40	1400	35
	国(境)外巡演	42	40	2240	56
	运用互联网、新媒体演出	42	40	1440	36
	舞台艺术人才培养	42	40	2840	71
	网络文艺创作人才培养	42	40	2640	66
中国音乐家协会	歌剧	40	6	198	33
	音乐剧	40	6	114	19
	交响乐	40	6	138	23
	民族管弦乐	40	6	66	11
	创新跨界融合	40	6	72	12
	青年指挥人才创作	40	6	60	10
	青年音乐作曲人才创作	40	6	90	15
	国(境)内巡演	40	6	78	13
	国(境)外巡演	40	6	66	11
	运用互联网、新媒体演出	40	6	72	12
	网络文艺创作人才培养	40	6	108	18

[1] 无意见、空白项、不相关意见不计入有效意见条数。
[2] 合并相同、相近意见后,形成合并后意见条数。

(续表)

协会名称	分派调研艺术细类	调研样本量	回收样本量	有效意见条数	合并后意见条数
中国美术家协会	国（境）内巡展	40	37	6475	175
	国（境）外巡展	40	23	1196	52
	运用互联网、新媒体开展巡展	40	7	245	35
	美术书法人才培养	40	40	4400	110
	网络文艺创作人才培养（中国画）	40	10	130	13
	青年中国画人才创作	40	11	550	50
	青年油画人才创作	40	10	720	72
	青年水彩（粉）画人才创作	40	40	1356	34
	青年版画人才创作	40	40	1568	39
	青年雕塑人才创作	40	9	563	63
	青年工艺美术人才创作	40	9	675	75
中国曲艺家协会	曲艺中篇	40	31	3441	111
	曲艺长篇	40	31	3472	112
	创新跨界融合（曲剧）	40	31	3441	111
	国（境）内巡演	40	31	1426	46
	国（境）外巡演	40	31	558	18
	运用互联网、新媒体演出	40	31	713	23
	青年曲艺编剧人才创作	40	31	3286	106
	青年舞台表演人才创作	40	31	806	26
中国舞蹈家协会	舞剧	40	10	50	5
	创新跨界融合	40	10	180	18
	国（境）内巡演	40	10	70	7
	国（境）外巡演	40	10	30	3
	舞台艺术人才培养	40	10	140	14
	青年舞剧编导人才创作	40	10	330	33
	青年舞蹈编导人才创作	40	10	300	30
	青年舞台表演人才创作	40	10	90	9

第一部分　调研工作的基本情况

（续表）

协会名称	分派调研艺术细类	调研样本量	回收样本量	有效意见条数	合并后意见条数
中国民间文艺家协会	木偶剧	40	40	880	22
	皮影戏	40	40	1320	33
	创新跨界融合	40	40	880	22
	国（境）内巡演	40	40	280	7
	国（境）外巡演	40	40	360	9
	国（境）内巡展	40	40	960	24
	国（境）外巡展	40	40	360	9
	青年版画人才创作	40	40	280	7
	青年工艺美术人才创作	50	40	3480	87
中国摄影家协会	国（境）内巡展	50	43	5117	119
	国（境）外巡展	50	40	520	13
	运用互联网、新媒体开展展览	50	40	2320	58
	青年摄影人才创作	50	0	0	0
中国书法家协会	国（境）内巡展	40	3	348	116
	国（境）外巡展	40	1	67	67
	运用互联网、新媒体开展展览	40	1	20	20
	美术书法人才培养	40	1	69	69
	青年书法篆刻人才创作	40	3	168	56
中国杂技家协会	杂技剧	40	28	1008	36
	创新跨界融合	40	28	0	0
	国（境）内巡演	40	28	588	21
	国（境）外巡演	40	28	644	23
	舞台艺术人才培养	40	28	1624	58
	青年舞台表演人才创作	40	28	0	0
中国文艺评论家协会	文艺评论人才培养	40	40	4360	109
汇总		3158	1890	145806	4624

（二）依托年度集中巡查监督开展的调研

1. 调研程序

为避免出现"重立项、轻监督"的情况，管理中心坚持问题导向，强化问题意识，创新监督方式，从2016年开始采取了集中巡查监督的方式，深入了解项目实施情况，集中监督项目实施进度，推动资助项目规范实施。2018年，管理中心赴10个省（区、市）开展集中巡查监督。借此机会，共对31个省（区、市）的509家艺术机构、单位，145位艺术家个人发放了《艺术成本结构调查问卷》，并于其中选取了150家机构、单位单独召开了"艺术成本结构"调研座谈会。调研对象分布情况如图1所示。

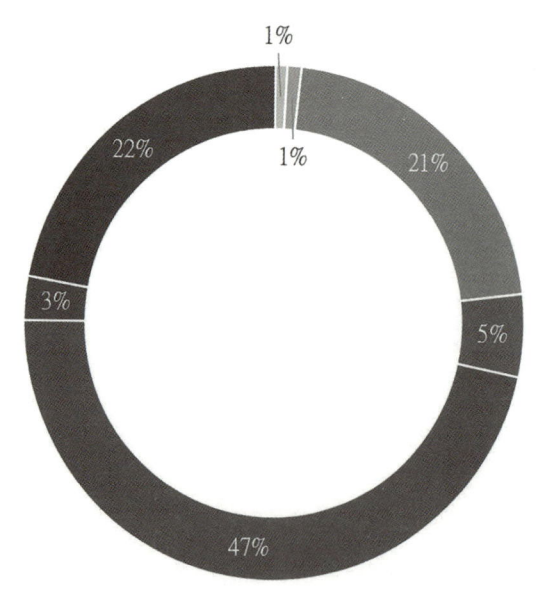

图1 座谈会调研对象分布情况

座谈会主要对遴选出的不同体制机制、不同艺术门类，正在实施基金项目或已经有实施项目经验的机构、单位开展集中调研，听取各级各类艺术机构、单位负责同志和艺术工作者对艺术活动经费开支情况的理解以及现行资助项目经费开支范围、结构、强度的意见、建议，并对中国文联所属文艺家协会回收意见进行了细致的论证。会议外，通过问卷调查、现场问询、面对面访谈等形式，多渠道、多方位挖掘信源，拓展调研的广度与深度。

2．结果回收

截至2018年7月27日，本年度集中巡查监督工作圆满结束，借助集中巡查监督工作开展的直接调研也正式结束，时间跨度近130天。集中巡查监督期间，管理中心依靠问卷调查、现场问询、面对面访谈、座谈会等形式进行调研，覆盖样本总量为732份。其中，涉及"大型舞台剧和作品"资助项目的样本量为213份，涉及"传播交流推广"资助项目的样本量为206份，涉及"艺术人才培养"资助项目的样本量为168份，涉及"青年艺术创作人才"资助项目的样本量为145份（见表3）。

表3　直接调研结果回收情况（单位：条）

片区	省份	大型舞台类样本量	传交类样本量	人才类样本量	青创类样本量
南部片区	云南	5	4	2	17
	广西	4	2	6	—

(续表)

片区	省份	大型舞台类样本量	传交类样本量	人才类样本量	青创类样本量
	贵州	4	1	1	—
	海南	3	1	1	—
	总计	16	8	10	17
东南片区	福建	6	8	4	11
	广东	7	6	12	—
	浙江	11	13	8	—
	总计	24	27	24	11
中部片区	湖南	14	6	7	14
	安徽	6	6	1	—
	湖北	6	3	8	—
	江西	4	5	7	—
	总计	30	20	23	14
华北片区	天津	4	3	1	23
	河北	11	9	9	—
	山东	7	10	10	—
	总计	22	22	20	23
华东片区	江苏	13	15	11	31
	上海	16	15	5	—
	总计	29	30	16	31
黄河中上游片区	宁夏	3	4	1	3
	河南	10	7	5	—
	陕西	5	10	6	—
	总计	18	21	12	3
西南片区	四川	12	3	8	16
	重庆	5	4	7	—
	总计	17	7	15	16
北部片区	内蒙古	9	8	5	4
	山西	12	13	8	—
	总计	21	21	13	4
西北片区	甘肃	2	3	3	9
	兵团	2	2	—	—
	青海	2	5	3	—
	西藏	1	5	1	—
	新疆	4	9	8	—
	总计	11	24	15	9

（续表）

片区	省份	大型舞台类样本量	传交类样本量	人才类样本量	青创类样本量
东北片区	黑龙江	6	4	2	17
	吉林	12	14	11	—
	辽宁	7	8	7	—
	总计	25	26	20	17
合计		213	206	168	145

在有效回收期间，总计共回收样本量699份，回收率高达95.5%。对回收样本进行清点统计，共收集有效意见条数5073条，其中，2974条来自调查问卷，1958条来自调研座谈会，141条来自现场问询、访谈等形式。在此基础上，管理中心编写完成《"艺术成本结构"调研情况报告（南部片区）》《"艺术成本结构"调研情况报告（中部片区）》《"艺术成本结构"调研情况报告（西北片区）》等10篇。具体数据回收情况见表4。

表4 直接调研数据回收情况（单位：条）

分派调研艺术细类	调研样本量	回收样本量	有效意见条数
大型舞台剧和作品	213	202	1544
传播交流推广	206	197	1914
艺术人才培养	168	161	1491
青年艺术创作人才	145	139	124
合计	732	699	5073

第二部分 调研数据分析情况

经数据整理，调研对象普遍结合自身艺术专业领域，给出了较为全面的专业意见，范围覆盖各类艺术活动的成本开支结构组成、开支类别名称和定义，以及不同地域、不同性质、不同层级艺术机构、单位的一般开支额度、比例等。艺术基金资助项目类型与艺术门类类别比较多样，并逐渐形成了以舞台艺术创作、传播交流推广、艺术人才培养和青年艺术创作人才资助项目为主的多重资助格局。因不同艺术门类的艺术活动内容、形式千差万别，作用于艺术成本的各因子、要素也随之发生复杂扰动，相应排列组合形成的成本结构体系也有本质上的差别。因此，对调研意见数据采用聚类分析方法，分类汇总、按类分析并加以呈现。

一、舞台艺术创作

艺术基金对舞台艺术创作的资助，主要面向"大型舞台剧和作品""小型剧（节）目和作品"两类。其中，艺术基金对"小型剧（节）目和作品"创作项目的资助是具有选优拔萃性质的事后资助，针对的是已经完成创作演出的作品，资助资金主要用于作品的修改提高和传播交流。因而，为完整呈现舞台艺术作品完成的创排演成本开支活动，对舞台艺术创作部分的调研主要针对的是"大型舞台剧和作品"。

通过对调研意见回收情况进行挖掘，对采集到的调研意见进行归纳分类，管理中心共划设出"资助额度""开支类别构成""开支类别名称及范围定义""开支类别限额标准"等四类主要议题，并在具体议题探讨上，就调研对象对特定议题的意见分布与差别、分化加以描述、分析。

（一）对资助额度的意见

艺术基金对"大型舞台剧和作品"实行定额资助，依据申报项目的艺术门类、规模体量、成本投入等因素，同时参考申报主体制定的项目预算，按照资助额度标准核定具体的资助资金。针对"大型舞台剧和作品"的资助额度标准调研意见分布情况见表5。

表5 "大型舞台剧和作品"的资助额度标准调研意见分布情况

艺术门类	资助额度（万元）	协会调研			直接调研		
		额度意见	频次	有效百分比[1]	额度意见	频次	有效百分比
戏曲	250	300—350	120	76.43%	350	21	13.38%
话剧	250	100—300	40	66.67%	300	17	28.33%

[1] 有效百分比＝单条有效意见出现频次／应答总条数。应答总条数为双线调研中该意见所在应答框内的意见总量，减去认为无须调整的"无意见"数目，即为有效意见出现频次数。设置"有效百分比"指标值，主要为衡量要求调整的有效意见在整体意见中的优势比重，比重值越大，代表相应调整意见的赞同比例越高。

（续表）

艺术门类	资助额度（万元）	协会调研			直接调研		
		额度意见	频次	有效百分比	额度意见	频次	有效百分比
歌剧	400	600	6	30.00%	500	13	65.00%
舞剧	400	—	10	40.00%	500	8	32.00%
音乐剧	400	500	6	33.33%	500	11	61.11%
儿童剧	120	100—300	40	65.57%	250	14	22.95%
杂技剧	300	300—400	28	71.79%	—	11	28.21%
木偶剧	100	—	40	81.63%	120	7	14.29%
皮影戏	60	—	40	78.43%	100	7	13.73%
小剧场戏剧	80	150	40	93.02%	—	3	6.98%
交响乐	120	400	6	26.09%	500	15	65.22%
民族管弦乐	120	350	6	46.15%	200	7	53.85%
曲艺中篇	50	180	31	91.18%	120	3	8.82%
曲艺长篇	50	230	31	91.18%	150	3	8.82%
跨界融合	100	200—400	77	44.25%	100—400	13	7.47%

集聚于"资助额度"议题上的调研意见，按其内容、频次和占总体意见数的有效百分比，可勾勒出整体意见的分布状态。具体体现为：分布于"资助额度"议题上的意见数目为801条，认为"额度合理"，无须进行调整的意见条数为268条，需调整额度的意见条数为533条。其中，认为需进行"额度调增"的意见数占据调整意见总数的69.91%，"额度调减"意见占比为0，需"划设档次"进行资助的意见占比为30.09%。从双线对比来看，中国文联所属全国文艺家协会提出相关意见条数599条，近44.74%的意见要求"划设档次"进行资助，15.03%的意见

认为"额度合理",无须进行调整,要求调增资助额度的意见占比为40.23%;通过对艺术机构、单位的直接调研收回相关意见202条,6.44%的意见要求"划设档次"进行资助,6.93%的意见认为"额度合理",无须进行调整,要求调增资助额度的意见占比为86.63%。

1. 戏曲

从艺术门类来看,对于"戏曲"门类的反馈意见占总体意见条数的17.6%。中国戏剧家协会提出戏曲体系庞大,内部艺术形式复杂,戏曲种类繁多。原文化部地方戏曲剧种普查结果显示,全国现有348个地方剧种[1]。这些不同剧种因类型、行当等因素的不同,在资助强度上也应有所差别,即使对同一剧种,如京剧,也会因现代戏、新编历史剧与整理改编传统剧目类型差别而应有所区分。因此,中国戏剧家协会提出应在"300万—350万元"的资助区间内,分档次确定资助额度,但资助额度标准应较250万元有所提升,该类意见在双线关于戏曲资助额度的调研意见中,占比为76.43%。"调增为350万元"的意见由各地戏曲艺术机构、单位提出,占比为13.38%。另有10.19%的意见认为"额度合理",无须进行调整。

2. 话剧

关于"话剧"门类的调研反馈意见,共汇总而得60条,占总

---

[1] 中国政府网:《文化部发布全国地方戏曲剧种普查成果》,2017年12月27日,访问链接:http://www.gov.cn/xinwen/2017-12/27/content_5250751.html。

体意见条数的7.49%。其中，40条来自中国戏剧家协会，20条来自各地话剧艺术机构、单位。中国戏剧家协会提出应在"100万—300万元"的资助区间内，建议分为甲、乙两个层次：甲类资助（精品剧目）总额度提高到300万元，乙类资助（普通剧目）总额度降低到100万元。该类意见在双线关于话剧资助额度的调研意见中，占比为66.67%。"调增为300万元"的意见由各地话剧艺术机构、单位提出，占比为28.33%。另有5.01%的意见认为250万元的现有资助"额度合理"，无须进行调整。

3．歌剧

对"歌剧"门类的调研反馈意见，占总体意见条数的2.5%，共计20条。其中，6条来自中国音乐家协会，14条来自各地歌剧艺术机构、单位。中国音乐家协会提出歌剧总额度应从400万元提高到600万元，主要为打造民族歌剧精品工程，应在创作、制作、表演、宣传等各方面都配套一流的人才和设备，任何一方面有短板都会使整体艺术质量下降，达不到预期效果。该类意见在双线关于歌剧资助额度的调研意见中，占比为30%。"调增为500万元"的意见由各地歌剧艺术机构、单位提出，占比为65%。另有5%的意见认为"额度合理"，无须进行调整。

4．舞剧

关于"舞剧"门类的调研反馈意见，共汇总而得25条，占总体意见条数的3.12%。其中，10条来自中国舞蹈家协会，15条来自各地舞剧创作表演艺术机构、单位。中国舞蹈家协会认为"400万元"的资助额度合理,无须进行调整。该类意见在双线关于舞剧资助额度的调研意见中,占比为40%。"调增为500万元"的意见由各地舞剧创作表演艺术机构、单位提出,占比为32%。经汇总,共有68%的调研意见认为舞剧资助"额度合理",无须进行调整。

5．音乐剧

对"音乐剧"门类的调研反馈意见,占总体意见条数的2.25%,共计18条。其中,6条来自中国音乐家协会,12条来自各地音乐剧艺术机构、单位。中国音乐家协会提出音乐剧总额度应从400万元提高到500万元,主要是音乐剧创作难度大、时间长,舞美形式多元化,制作成本高,对演出环节的舞台硬软体条件要求较高,整体成本有所提升。该类意见在双线关于音乐剧资助额度的调研意见中,占比为33.33%。各地音乐剧艺术机构、单位中,共有11条意见与中国音乐家协会一致,"调增为500万元"的意见合计占比高达94.44%。另有5.56%的意见认为"额度合理",无须进行调整。

6．儿童剧

关于"儿童剧"门类的调研反馈意见,共汇总而得61条,占总体意见条数的7.62%。其中,40条来自中国戏剧家协会,21条来自各地儿童剧艺术机构、单位。中国戏剧家协会提出应在"100万—300万元"的资助区间内,建议分300万元、100万元两个档次对儿童剧予以资助。该类意见在双线关于儿童剧资助额度的调研意见中，占比为65.57%。"调增为250万元"的意见由各地儿童剧艺术机构、单位提出，占比为22.95%。另有11.48%的意见认为120万元的现有资助"额度合理"，无须进行调整。

7. 杂技剧

关于"杂技剧"门类的调研反馈意见，共汇总而得39条，占总体意见条数的4.87%。其中，28条来自中国杂技家协会，11条来自各地杂技机构、单位。中国杂技家协会提出应在"300万—400万元"的资助区间内，分档次进行资助，但整体资助强度应较300万元有所提升。该类意见在双线关于杂技剧资助额度的调研意见中，占比为71.79%。认为300万元的现有资助"额度合理"，无须进行调整的意见由各地杂技机构、单位提出，占比为28.21%。

8. 木偶剧

对"木偶剧"门类的调研反馈意见，占总体意见条数的6.12%，共计49条。其中，40条来自中国民间文艺家协会，9条来自各地木偶剧创作表演艺术机构、单位。中国民间文艺家协会认为"100万元"的资助额度合理，无须进行调整。该类意见在双线关于木偶剧资助额度的调研意见中，占比为81.63%。在各地木偶剧创作表演艺术机构、单位中，有两条意见与中国民间文艺家协会一致。认为"100万元"额度合理，无须进行调整的意见合计占比达85.71%。另有14.29%的意见认为应调增资助额度标准至"120万元"。

9. 皮影戏

对"皮影戏"门类的调研反馈意见，占总体意见条数的 6.37%，共计51条。其中，40条来自中国民间文艺家协会，11条来自各地皮影戏创作表演艺术机构、单位。中国民间文艺家协会认为60万元的资助额度合理，无须进行调整。该类意见在双线关于皮影戏资助额度的调研意见中，占比为78.43%。各地皮影戏创作表演艺术机构、单位中，有4条意见与中国民间文艺家协会一致，认为60万元"额度合理"，无须进行调整的意见合计占比达86.27%，另有13.73%的意见认为应调增资助额度标准至"100万元"。

10. 小剧场戏剧

关于"戏剧"门类的调研反馈意见，共汇总而得43条，占总体意见条数的5.37%。其中，40条来自中国戏剧家协会，3条来自各地戏剧艺术机构、单位。中国戏剧家协会提出对小剧场戏剧的资助额度标准应从80万元提高到"150万元"，提出小剧场演出灵活性较强，应提高演出场次费用使其多进行社会演出。该类意见在双线关于戏剧资助额度的调研意见中，占比为93.02%。认为80万元的现有资助"额度合理"，无须进行调整的意见由各地戏剧艺术机构、单位提出，占比为6.98%。

11. 交响乐

对"交响乐"门类的调研反馈意见，占总体意见条数的2.87%，共计23条。其中，6条来自中国音乐家协会，17条来自各地交响乐艺术机构、单位。中国音乐家协会提出交响乐总额度应从120万元提高到"400万元",主要是交响乐创作难度大,应在创作、制作、表演、宣传等各方面成本投入上有所提升。该类意见在双线关于交响乐资助额度的调研意见中,占比为26.09%。各地交响乐艺术机构、单位中,共有15条意见表示应"调增为500万元",该意见占比达65.22%,另有8.69%的意见认为"额度合理",无须进行调整。

12. 民族管弦乐

对"民族管弦乐"门类的调研反馈意见,占总体意见条数的1.62%,共计13条。其中,6条来自中国音乐家协会,7条来自各地民族管弦乐艺术机构、单位。中国音乐家协会提出民族管弦乐总额度应从120万元提高到"350万元",主要是为鼓励民族管弦乐在题材、音乐元素和表现形式等方面的创新发展。该类意见在双线关于民族管弦乐资助额度的调研意见中,占比为46.15%。各地民族管弦乐艺术机构、单位表示应"调增为200万元",民族管弦乐虽不同于音乐剧等大型舞台剧目,从整体体量规模上更偏于中型,但资助额度标准应高于120万元,该意见占比达53.85%。

13. 曲艺中篇、曲艺长篇

关于"曲艺"门类的调研反馈意见,共汇总而得68条,占总体意见条数的8.49%。其中,62条来自中国曲艺家协会,6条来自各地曲艺艺术机构、单位。中国曲艺家协会提出对曲艺中篇、曲艺长篇，应区分资助强度，不宜以"50万元"一刀切。对曲艺中篇，资助额度标准应在"180万元"左右，曲艺长篇的资助额度标准应为"230万元"。该类意见在双线关于曲艺资助额度的调研意见中，占比为91.18%。"调增曲艺中篇为120万元""调增曲艺长篇为150万元"的意见由各地曲艺艺术机构、单位提出，占比为8.82%。吉林省曲艺团等曲艺艺术机构、单位表示，从曲艺的现阶段创作生产实践来看，制作、演出活动和一般舞台剧目截然不同，专业舞台表演锐减，转而依靠广播电视、网络播客平台等渠道终端进行"演出"。制作主要是录音、录像工作，演出则涉及电台、电视台、网络媒体的播放推送，与传统现场演出的曲艺成本有很大差别。此外，按照艺术发展的规律，曲艺艺术作为民间艺术的主要形式，已不再仅限于曲艺短篇和曲艺长篇等传统形式，依靠曲艺表演者以"单打独斗"的方式，呈现故事于舞台上。为贴合新时代观众的审美情趣，越来越多的曲艺作品开始以剧目的方式进行创作，将表达故事内容的时间、地点、人物等元素具象化，即出现了曲艺剧、方言曲艺剧等艺术形式。在演出形式上，曲艺剧（或曲剧）兼有话剧、方言剧等剧种特色，同时更增加了演出和舞蹈等表演形式，有些曲艺剧的经费预算甚至可以达到400万元的额度，整体资助强度应较"50万元"有所调整。

14. 跨界融合

对"具有创新、跨界融合特点"的艺术形式的调研反馈意见，占总体意见条数的21.72%,共计174条。其中,40条来自中国戏剧家协会,40条来自中国民间文艺家协会,31条来自中国曲艺家协会,28条来自中国杂技家协会,10条来自中国舞蹈家协会,6条来自中国音乐家协会,19条来自各地艺术机构、单位。

中国戏剧家协会指出,建议将五年跨界融合的创作活动认真仔细研究,制订出一个可行的科学的方案,做出明确的有科学依据的标准,规定跨界融合的概念、具体的样式以及支持的依据;另外,科技、创新和跨界融合是为手段,其核心应具有一种艺术的内核与本体,跨界融合在资金支持上应该体现科技的成分,从目前的创作、制作、排练演出各环节的支持上,根本看不到这方面的支持表现,与传统意义上的舞台剧制作支持并无二致。

在资助额度标准上,结合中国戏剧家协会、中国曲艺家协会、中国音乐家协会的意见,建议科技、创新和跨界融合项目资助额度标准应从100万元提高到"200万—400万元"。该类意见在双线关于跨界融合项目资助额度的调研意见中,占比为44.25%。各地艺术机构、单位表示跨界融合项目应在"100万—400万元"的资助区间内,按其艺术内核和本体分类资助,根据作品规模体量分设A、B、C三档经费资助标准,如A档(大型,以歌剧、舞剧、杂技剧为艺术内核),资助额度为400万元,演出场次限定为8场;B档(中型,以戏曲、话剧为艺术内核),资助额度为200万元,演出场次限定为15场;C档(微型,以儿童剧、木偶剧、皮影戏为艺术内核），资助额度为100万元，演出场次限定为30场。该意见占比为7.47%。汇总调增资助额度标准的意见，累计占比为51.72%。另有48.28%的意见认为100万元的现有资助"额度合理"，无须进行调整。

（二）对开支类别构成的意见

现行"大型舞台剧和作品"资助项目的经费开支类别结构由创作费、制作费、演出费3个一级科目构成，一级科目下设有若干二级科目。科目设置情况详见表6。

表6 "大型舞台剧和作品"现行开支科目设置情况

一级科目	创作费								
子科目	编剧费	作曲费（编曲、唱腔设计）	导演费	舞美设计费	灯光设计费	服装设计费	造型设计费	道具设计费	其他
一级科目	制作费2								
	排练费		制作费1						
子科目	劳务费	排练场地租赁费	舞台美术制作费	灯光音响器材租赁费	音乐制作费	服装制作费	化妆费	录像费	其他
一级科目	演出费								
			差旅费						
子科目	场馆租赁费	运输费	交通费	住宿费	伙食费	宣传费			其他

创作费科目下，现有编剧费、作曲费、导演费等9个子科目；制作费科目下，现有排练劳务费、排练场地租赁费、舞台美术制作费等9个子科目；演出费科目下，现有场馆租赁费、运输费、差旅费、宣传费等5个子科目。对"大型舞台剧和作品"的现有开支类别构成，共回收意见4853条，其中，801个调研对象针对具体科目提出无异议、新增、合并或删减的意见4031条。为体现科目设置的互斥性、精简性原则，对同类或相近意见进行了压缩和合并，对单条意见出现频次低于10次的意见（出现频次有效百分比低于1%）进行过滤清洗，所形成的意见汇总整理情况见表7[1]。

表7 "大型舞台剧和作品"现有开支类别意见汇总情况

层次	意见类型	协会调研			直接调研		
		意见	频次	有效百分比	意见	频次	有效百分比
一级科目	合并类别	排练演出费	200	24.97%	排演费	38	4.74%
		—	—	—	设计制作费	104	12.98%
	删减类别	—	—	—	—	—	—
	新增类别	排练费	40	5.00%			
二级科目	合并类别	舞美设计费	280	34.96%	舞美设计费	62	7.74%
		舞美制作费	280	34.96%	舞美制作费	62	7.74%
		—	—	—	排练演出劳务费	24	3.00%
	删减类别	运输费	18	2.25%	舞台美术制作	2	0.25%

[1] 为体现意见间关联性，特将累计有效百分比超过50%的关联意见进行同色块处理。

（续表）

层次	意见类型	协会调研 意见	频次	有效百分比	直接调研 意见	频次	有效百分比
新增类别		制作人费	40	5.00%	—	—	—
		—	—	—	版权移植费	27	3.37%
		视觉设计费	50	6.24%	多媒体影像设计费	55	6.87%
		曲牌设计费	40	5.00%	形体编导设计费	73	9.11%
		—	—	—	形体舞蹈指导费	62	7.74%
		主演创作费	40	5.00%	前期研讨论证费	202	25.21%
		采风费	40	5.00%	—	—	—
		艺术指导费	559	69.79%	专家咨询费	18	2.25%
		技术指导费	40	5.00%	艺术指导费	179	22.35%
		—	—	—	音乐配器指导费	19	2.37%
		头饰、道具制作费	120	14.98%	道具制作费	164	20.47%
		多媒体制作费	280	34.96%	多媒体制作费	55	6.87%
		同期录音费	18	2.24%	录音费	23	2.87%
		—	—	—	装(卸)台费	26	3.25%
		演员演出劳务费	240	29.96%	演出劳务费	87	10.86%
		研讨费	599	74.78%	后期研讨费	192	23.97%
		税费、保险费	30	3.75%	演职人员人身意外伤害保险费	186	23.22%

对表7中针对"一级科目""二级科目"两个层次上所有意见，通过无异议（不单独列出）、新增、合并或删减四类形式进行意见排布，呈现调研对象针对"大型舞台剧和作品"开支类别构成的意见分布情况。结果显示出双线调研对象尽管有地域、层级、体制机制等差异，但对开支类别构成议题的态度分布上存在一定的意见聚合，在某些议题甚至出现高度趋同的状态。即使在意见提出形式上有表述上的千差万别，但其内核所指的问题是一致的。因此，为条缕分明、完整而不零散地阐述相关

调研成果，需要对关联意见、同类问题进行合并，对累计有效意见出现频次百分比接近或超过50%，即出现频次超过"无异议"频次的有效意见进行分条描述。

1. 对一级科目进行调整 —— 合并设立"排练演出费"

现行"大型舞台剧和作品"的资助经费开支范围包括创作费、制作费、演出费等三个一级科目，"排练费"为"制作费"下的二级科目。调研结果显示，中国音乐家协会等协会提出在原有的一级科目"演出费"的基础上，与"排练费"合并成为新的一级科目"排练演出费"。该意见出现频次为200次，有效百分比为24.97%。在对艺术机构、单位的直接调研中，四川音乐学院、重庆歌舞团、吕梁市民间艺术团、山西晋剧院、黑龙江省京剧院等不同地域、层级、体制机制的机构、单位表示，应将"排练费"从"制作费"中抽取出来，与"演出费"合并成"排演费"，"大型舞台剧和作品"资助结构调整为创作费、制作费、排演费3个一级科目。该意见出现频次为38次，有效百分比为4.74%。合并设立"排练演出费"的意见，在整体调研中累计有效百分比为29.71%。

针对同一问题，中国戏剧家协会提出设立"排演费"的解决形式，即将二级科目"排练费"单独提取形成一级科目，与"创作费""制作费""演出费"相并列，"排练费"科目下内设"排练劳务费""排练租赁费"两个子科目。该意见出现频次为40次，有效百分比为5%。上述两类意见，实际指向的是同一问题，即在现有开支类别结构中，排练费、演出费的归属、形式及内容设置,与舞台艺术创作生产实际不匹配的问题已相对凸显,具体表现为:设在"制作费"下的排练费支取有时段及范围限制,演出环节的活动与排练环节开支在时间发生上紧密关联、开支内容类似,却无经费支持。如针对演出环节发生演职人员密集劳动,却无演职人员劳务费用支持。中国戏剧家协会在二级科目层次,提出增设"演员演出劳务费",该意见出现频次为240次,有效百分比为29.96%。各地艺术机构、单位提出增设"演出劳务费",出现频次为87次,有效百分比为10.86%,或者合并现有的"排练劳务费"和演出费部分科目设立"排练演出劳务费",出现频次为24次,有效百分比为3%。通过对上述关联意见进行合并,对排练费、演出费的科目调整意见,累计有效百分比为78.53%。经过对关联调研意见进行整合,列明支持理由如下。

一是排练是舞台剧目生产的主要阶段。舞台剧是在"剧"的框架下,将语言、音乐、舞蹈、表演、舞美等元素有机地融合,而融合得完美与否极大程度上由排练来决定。一般情况下,一部剧目最终在舞台上"立起来",需要经过创作、制作、排练、演出四个主要阶段。排练是舞台艺术生产过程中的中间环节,是在剧本创作成形,且音乐、舞美置景等有相应制作基础后,进行戏剧情节、音乐等主线环节的舞台试验和表演艺术加工的过程。它上承剧本创作,下联舞台演出。没有排练这个环节,最优秀的剧本仍然是一个纸面作品,只有经过排练,才能使剧本成为完整的舞台综合艺术产品。同时，只有经过排练，使文学剧本立体化，才能发现剧本在艺术表现上的某些不足，经过再修改，使剧本在思想倾向和艺术上更趋完整。也只有经过排练，才能检验音乐创作（唱腔、配音、配器）、舞台美术、舞蹈及武打等多种艺术手段，是否充分体现了剧本所规定的统一的戏剧性要求。现有的资助结构内，排练费设置为制作费下的子科目，无法合理体现排练环节的相应特性与重要性，也在实际操作上与行业内部生产演出实际有所出入。

二是排练活动并非隶属于制作环节。舞台剧排练活动，是艺术创造程度不断加深的过程，也是跨度较长的一个环节，有时可与创作环节、制作环节、演出前期环节相交织推进。据对院团单位的直接调研了解，具体排练是根据导演的统一艺术构思，分表演、音乐等条块进行独立的艺术创造活动，然后按照排练逐步深化的要求，使表演与音乐、舞台美术等元素逐步糅合，最后达到全剧在舞台上综合成形。组织安排上又可分为以下几步，即坐排、分场初排、连排、彩排，具体环节安排因艺术形式、生产节奏、院团要求等因素有所差异，如戏曲类项目还包括唱排（响排）等环节。

（1）坐排，是常规排戏全程中的初始阶段，是剧本初定后，导演指导着演员探讨剧本、研究角色、熟悉台词，以取得整个剧组逻辑性的理解与形象化的共识。坐排是进行后续"走排"调度前的一个酝酿起飞阶段。

（2）分场初排，即各按系统条块划分，分头进行艺术创造活动，一般剧本初定之后，舞美、音乐制作尚未开启或确定的环节，与创作环节、制作环节并线推进。如歌剧，一般作曲创作在初排时基本完成，而戏曲，一般只有创段谱子创作完成，配音曲、幕间曲还需在初排中创作并练乐。初排活动主要是为确定剧本、唱段、人物基调、表演节奏等。

（3）在分场初排基本结束的基础上，全剧连排。连排时编剧、作曲、舞美、舞蹈等人员共同参加，使他们对全剧有一个立体的了解，并在此基础上，推进音乐后续创作与合成、舞美设计与制作、形体设计、多媒体设计与制作工作，然后再次连排，初步稳定和巩固全剧的节奏与呈现形式。连排结束后，整体剧目的创作与制作环节基本宣告完成，舞美制作因需对最终演出舞台做确认，相对进度会落后于其他制作部门。

（4）舞台彩排属于总合成(包括演员、布置、灯光、乐队、服装、化妆、道具、音响效果等)的排练，是舞台综合艺术的最终环节。在此环节，主要是将舞台美术糅合融入整部剧内，完成舞美置景、道具等装台、排景、对光，调试音响设备、灯光、布景、多媒体投影等各方面。在此基础上，完成全剧的带景、带光、带妆的走台，完整地演出一次。

由上述环节可知，舞台剧排练活动基本串联创作、制作、演出环节，具有跨度长、任务量繁重的特性，是各种表演艺术最核心的艺术活动过程之一。在基金现行资助结构设置中，排练费（包含子科目排练场地租赁费、劳务费）置于"制作费"科目中，相对压缩了排练活动的支持阶段和范围，不贴合艺术创作生产实际。

三是排练活动时间与成本投入有重心后移的趋势。现阶段，随着舞台剧生产演出的专业化分工愈加精细完善，且有成本控制、人员档期统筹困难等客观原因，排练活动的时间跨度已相对压缩，一般限制在1—2个月内。排练活动的重心愈加后移，偏向于连排与后期彩排，也就意味着，排练开始时，基本的创作设计与制作环节已基本结束，排练环节从创作、制作环节相对剥离开来，与演出环节紧密接合，集中排练与公演基本无缝对接。这也是为尽可能保留住排练达到的默契度与熟悉度，在演出时最大限度地复制排练活动中建立的表演程式。而相应的舞台彩排活动，实际发生在演出环节，已经无法正常有效地对接制作环节的"排练费"科目。

四是排练与演出的开支活动紧密勾连、内容相似。中国戏剧家协会指出，前期排练、练乐、坐唱、响排等工作一般在剧团或剧院排练场完成，不需要单独外出租赁剧场进行排练，因此不产生租赁费用，只产生劳务费支出。到最后整体合成、彩排、演出阶段才会产生外出租赁剧场费用。而无自有演出场所的单位，在合排连排时，则会选择租赁相应的场所、灯光音响器材设备，发生相应的场地及器材租赁开支。可以说，排练在剧目中的功能作用从生产制作阶段逐步向后端(演出阶段)延伸覆盖，与演出环节紧密接合，且从具体的成本开支内容来看，排练环节主要发生的开支内容由两部分组成，一部分为演职人员劳务费，一部分为场地、器材道具的租赁费，与演出环节发生的开支范围、入账科目高度重叠。相关艺术机构、单位也指出，场馆的租赁和灯光音响的租赁如果在创作和排练中出现，在演出中也同样会出现，演职人员在排练环节发生的劳务费用，在演出环节也避让不开。没道理只对排练环节予以支持，却对演出环节的正常开支视而不见。

而调研提出的合并还是新设两种操作形式，从科目设计的精简性与管理的统一性角度来看，前者相对较优，以合并形式，对基金现有的整体开支结构的改动较少，能较好地实现实际适用层面的有效衔接。鉴于此，建议将"排练费"从"制作费"中抽取出来，与"演出费"合并成新的一级科目"排演费"，将原有归属于"排练费""演出费"科目下的子科目进行合并，形成"演职人员排演补贴""租赁费""运输费""差旅费""宣传费"等子科目，不再保留"排练劳务费""排练租赁费"等科目，科目总数较现有设置有所精简。

2．对二级科目进行调整

2.1 合并设立"舞美设计/制作费"

调研结果显示，中国戏剧家协会等提出将"灯光音响设计费"与"舞台美术设计费"合并成"舞美设计费"，将"灯光音响器材租赁费"纳入"舞美制作费"。两条意见出现频次皆为280

次，有效百分比皆为34.96%。在对艺术机构、单位的直接调研中，重庆川剧院、四川音乐学院、呼和浩特民族演艺集团、吉林戏曲剧院等不同地域、层级、体制机制的机构、单位进一步表示，应将"服装设计费""造型设计费"也纳入"舞美设计费"科目中，将"服装制作费""化妆费""灯光音响器材租赁费"合并成"舞美制作费"，该意见出现频次为62次，有效百分比为7.74%。在舞台美术范围内，中国戏剧家协会提出新设"头饰、道具制作费"，该意见出现频次为120次，有效百分比为14.98%，相关艺术机构、单位也支持补充增设"道具制作费"，频次为164次，有效百分比为20.47%。通过对上述关联意见进行合并，对舞美设计、舞美制作费的科目调整意见，累计有效百分比为120.85%。经过对关联调研意见进行整合，列明支持理由如下。

一是广义舞美概念的使用是艺术科学管理的发展趋势。在对艺术机构、单位的直接调研中，重庆川剧院、四川音乐学院等单位表示，舞美有狭义、广义之分，狭义舞美包含传统舞台置景，广义舞美则包含所有舞台景观呈现，包含置景、灯光音响、服装、道具、化妆以及多媒体视觉设计制作等。随着院团单位剧目生产体系逐步建立完善，要求并促进了舞台美术专业布局的科学化、系统化。具体表现为：建立起广义的舞美统筹部门，负责项目管理和舞美各专业协调统筹调配工作，根据专业分工不同，分为布景、技术管理、服装、化妆、道具、多媒体等"模块化项目"，每个层级均采用"项目制"的管理方式，各个层级通过项目计划中的阶段划分相互连接。由统筹部门组建舞台灯光音响技术管理、道具管理、舞台装置核心班底,以满足生产阶段技术分解、制景、装台的需要。在制作环节依照创作排练需求,不断完善服装、化妆、多媒体的专业配备,艺术生产的链条更加完整。

二是将各舞美支线合并避免重复开支。在院团整体业务管理体系中,舞台美术统管灯光设计制作、音响设计制作、服装设计制作、化妆设计制作、道具设计制作等业务支线。对艺术机构、单位的直接调研中,有单位反映原有的"舞台美术设计/制作费"在实际使用上,因概念界定不清、范畴不明,有与灯光音响设计费、服装设计/制作费等业务支线发生开支混用的风险。将灯光音响设计费、服装设计费、造型设计费纳入"舞美设计费",服装制作费、化妆费等纳入"舞美制作费",可以有效规避发生重复支取的情况。

三是广义舞美科目能较好地发挥统筹调剂作用。新合并的"舞美设计费""舞美制作费",正是从专业化分工与模块化管理出发,从广义的舞美层面统合原有的专业支线。合并后的"舞美设计费""舞美制作费"实行总量限额控制,内部各专业子科目可由项目承担主体自由调剂。不同性质、不同层级、不同地域院团主创人员差异很大,有的行当不全、有的总体稀缺,经费集中起来可以让院团有重点地选择,最大限度地保障经费使用的灵活性,为艺术机构与艺术家"减负",避免因出现部分舞美行当不全而无法开支，或因艺术门类特质而需突破子科目限额对某些舞美行当加大支持，从而增加主体的行政报批、预算调整等事务性工作，影响艺术活动正常开展。

鉴于此，建议将灯光设计费、服装设计费、造型设计费纳入"舞美设计费"，将服装制作费、化妆费、灯光音响器材租赁费纳入"舞美制作费"，不再保留"灯光设计费""服装设计费"等科目，科目总数较现有设置减少6个。

2.2 增设"多媒体设计/制作费"

调研结果显示，中国美术家协会、中国戏剧家协会等提出增设"多媒体设计费"与"多媒体制作费"。两条意见出现频次分别为50次、280次，有效百分比分别为6.24%、34.96%。在对艺术机构、单位的直接调研中，江苏省演艺集团、上海音乐学院、呼和浩特民族演艺集团等不同地域、层级、体制机制的机构、单位进一步表示，增设"多媒体影像设计费""多媒体制作费"，该意见出现频次皆为55次，有效百分比为6.87%。通过对上述关联意见进行合并，对多媒体设计费、多媒体制作费的科目调整意见，累计有效百分比为54.94%。经过对关联调研意见进行整合，列明支持理由如下。

一是多媒体运用成为舞台剧发展新趋势。传统的舞台剧表演形式(话剧、歌剧、戏曲、舞剧、音乐剧、木偶剧等)均离不开特定的剧场舞台环境。舞台的物理空间、布景装置等，都有助于表演形态更好地呈现，实现与观众的互动，形成心灵的共鸣，碰撞出情感的火花。舞台美术设计艺术方面的探索也主要集中在对演出自由时空的追求上，传统的舞台布景下，舞台存在明显的边界，其相对单一的表现形式与视听体验已远不能满足人民群众日益增长的对艺术消费的新期待。在此背景下，当代科技的发展为传统的舞台剧形式注入新的活力。如LED、纱幕投影、全息影像、增强现实（AR）等多媒体技术相继被应用于舞台。实践证明，通过应用先进的科技手段，并充分结合影像、声音等多媒体元素，扩大了演员肢体动作的表现力，打破了原先靠布景换片带来的舞台局限，舞台的边界正逐步消失，有力提升了舞台作品的表现力、感染力、传播力，不断催生出新的艺术形式，专业舞台上涌现出丰富的跨界融合作品。结合多媒体技术设计、制作舞台剧作品已然成为艺术创作生产格局内一股势不可当的潮流和趋势。

二是在舞台剧实践中，狭义的多媒体设计是和舞美传统布景设计区分开的。专业舞台艺术的设计一般分为布景、灯光、服装、造型及道具，以及多媒体。传统舞台美术是基于剧本之上的再创作，将剧本呈现的场景通过写实或随意赋形的手法，完成从数据到图纸的设计，协调场景部件的供货、外协、加工、安装，一般涵盖置景、制景、道具布置等主要专业工种；多媒体舞美则通过统筹虚拟现实技术、新型影像设备以及多维数字视听特技，拓展表演空间，增强剧情气氛。传统舞美偏重于置景工程，多媒体舞美专注于将虚拟舞台语言通过数字科技创建显示，两者工作内容迥异，实现的技术与手段也不同。广义的舞美技术部门则由舞美、灯光、服装、化妆、多媒体等舞台设计与制作技术工种构成。舞美设计主要承担舞台制景任务，多媒体设计负责视听影像采样摄录、三维动画制作、音响效果制作等，两者是不同的工种，如无制度文本层面的确认，多媒体设计制作的费用较难从舞美设计制作费中开支。舞台艺术属于综合艺术，是由各类媒介共同构成的一种复合艺术，从长远来看，多媒体舞美与传统舞美互相交融，形成全新的舞美专业是一种趋势。

鉴于此，建议在大型舞台剧和作品资助项目的开支类别中，增设"多媒体设计费""多媒体制作费"。

2.3 增设"艺术指导费"

调研结果显示，中国戏剧家协会、中国曲艺家协会、中国民间文艺家协会、中国舞蹈家协会、中国音乐家协会、中国杂技家协会等协会一致提出增设"艺术指导费"。该条意见出现频次为559次，有效百分比为69.79%。在对艺术机构、单位的直接调研中，不同地域、层级、体制机制的机构、单位也普遍表示，应增设"艺术指导费"，该意见出现频次为179次，有效百分比为22.35%。在艺术指导相关范围内，中国戏剧家协会提出新设"技术指导费"，该意见出现频次为40次，有效百分比为5%，相关艺术机构、单位也支持补充增设"形体舞蹈指导费""专家咨询费""音乐配器指导费"，频次依次为62次、18次、19次，有效百分比依次为7.74%、2.25%、2.37%。通过对上述关联意见进行合并，对艺术指导相关的科目调整意见，累计有效百分比为109.5%。经过对关联调研意见进行整合，列明支持理由如下。

一是艺术作品成形过程中离不开来自外部的专业指导。全国范围内艺术机构、单位能力建设上是不充分、不平衡的，有些行当稀缺、有些资源禀赋薄弱，相应的就需要借助外部力量与资源，发挥补阙挂漏的作用。对十一部舞台剧目的创排过程而言，很多外部专业人员参与并付出了辛勤的智力与体力劳动。如戏曲作品的创排，离不开经验丰厚的鼓师、琴师等人员对配器、演奏的手把手指导；话剧等重剧本的作品，离不开文学顾问的指导；历史题材的舞台作品，大多会聘请历史顾问作为指导；一些重舞台形体表现的艺术作品，"有声必歌、无动不舞"，"形"与"体"的塑造至关重要。"形"，指选定演员、塑造角色；"体"，指改变演员自身的"体"来配合角色设计完成角色在剧情中的一系列动作及习惯，包括角色的舞蹈、武打、造型等。形体舞蹈指导，会根据舞台空间、人物形象、剧情结构，对演员在舞台上各类肢体动作的形、力、速上进行指导，使整体剧目在视觉呈现上更为和谐，应对形体舞蹈指导进行相应的支持。除上述担当狭义艺术层面指导的专业人员外，也存在技术指导这一群体。他们实际在项目中为置景悬挂、多媒体操作、偶型道具操纵、配器调音等提供技术上的指导。

二是合理增设"艺术指导费"会对资助效果带来有效增益。

艺术指导在舞台作品中的辛勤付出，在现有开支范围内是空缺的，得不到与专家、主创等同等的支持。中国戏剧家协会在提出增设"艺术指导费"的同时，表示艺术指导可能与研讨专家有所重叠，且艺术指导如果挂名太多，极可能压缩创作人员的发挥空间，建议艺术指导中专家人数宜有所限制，"艺术指导费"安排额度不宜过高。相关艺术机构、单位也相应认可中国戏剧家协会调减额度的意见，指出行业内确实存在一些剧目艺术指导挂名过多，甚至每一环节都有专门的艺术指导，实质上却"挂名吃空饷"，或者指导压过了主创，束缚住了创作人员的艺术构思。艺术指导的工作贯穿整部剧目，但如果过多集中于一度创作阶段，一方面可能与前期研讨相重叠，过多束缚主创人员创作；另一方面，也对实际需要指导的环节有所忽视。针对艺术机构、单位提出的"技术指导费""形体舞蹈指导费""音乐配器指导费"等实际意见，可知大多对艺术指导的需求集中于排练演出后端。

鉴于此，建议在大型舞台剧和作品资助项目的开支类别中，增设"艺术指导费"，作为二级科目，置于"排练演出费"一级科目之下。同时，考虑到中国戏剧家协会的意见，经调研论证，建议一部剧目原则上不得聘请超过3名艺术指导，该科目的支持力度限制在5万元以内。

2.4 增设"研讨费"

调研结果显示，中国戏剧家协会、中国曲艺家协会、中国民间文艺家协会、中国舞蹈家协会、中国音乐家协会、中国杂技家协会等协会一致提出增设"研讨费",该意见出现频次为599次,有效百分比为74.78%;在对艺术机构、单位的直接调研中,贵州省黔剧院、云南艺术学院、吉林戏曲剧院、武汉汉剧院、吉安市采茶歌舞剧院、安徽再芬黄梅文化艺术股份有限公司等不同地域、层级、体制机制的机构、单位进一步表示,应将研讨费分设为"前期研讨费""后期研讨费",作为二级科目分别置入"创作费""演出费"科目中,该意见出现频次分别为202次和192次,有效百分比分别为25.21%、23.97%。通过对上述关联意见进行合并,对研讨费的科目调整意见,累计有效百分比为123.96%。经过对关联调研意见进行整合,列明支持理由如下。

一是研讨工作是剧目作品打磨提升的必要环节。习近平总书记在文艺工作座谈会上指出,要高度重视和切实加强文艺评论工作,运用历史的、人民的、艺术的、美学的观点评判和鉴赏作品,倡导说真话、讲道理,营造开展文艺批评的良好氛围。作品研讨作为文学批评的重要形式和手段,主要依靠专家从不同视角对一部作品、一个题材、一个情节、一种艺术理念、一种表现手法等方面展开评述。设立研讨环节,是从宏观至微观,从剧内到剧外,由本体及客体,由表演到表现,由理论到实践方式等方方面面进行把关,引导把握正确的创作方向,使优秀的作品不跑偏走调。同时研讨的重要目的,就是指出作品中存在的不足和需要改进之处，有好说好，有坏说坏，抓住要害，洞中肯綮，设计出一套或多套解决方法提供给作品主创团队，使其明悉改进的方向、修改后的效果，推动剧目作品拔质提升，通过研讨会集思广益的"谋略"、点子、方法、有效的路径，使剧目作品在不断打磨中由"高原"向"高峰"攀登、挺进成为可能。

二是分设"研讨费"有助于发挥创作引导作用。调研对象提出将"研讨费"予以分设，在创作费下设"前期研讨费"，在演出费部分设立"后期研讨费"，虽功能意图相近，主要给付的是专家人员劳务费用。经调研论证，两个科目虽都为研讨费用，但所处阶段、研讨客体、研讨意图截然不同，"前期研讨费"主要发生在创作阶段与制作前期，对演出项目的可行性、剧本曲谱论证、设计研讨、演员选取等前期筹备工作情况进行研讨判断，"后期研讨费"科目则发生在演出环节，在舞台演出首演结束后，依据演出情况、观众意见，组织专家针对剧目具体细节元素进行加工修改提高。如只设立"研讨费"，一方面研讨是贯穿全流程的，该科目难以归入创作、制作、排练演出某一具体环节中，如将其提为一级科目，却又与创作、制作、排练演出这样的结构样式不相匹配。另一方面，研讨环节为整体剧目搬上舞台以及后续打磨品质的必要环节，合并后难以保证主体在不同节点设立研讨环节，有损于艺术基金资助艺术创作的导向性。

鉴于此，建议分设"前期研讨费""后期研讨费"，作为二级科目分别置入"创作费""排练演出费"一级科目中，发挥对剧目的创作把关和打磨作用。

（三）对开支类别名称及范围定义的意见

现有开支类别部分，只列明类别名称，并未以文本的形式进行定义范围的确认，存在因人为狭义或扩大理解而造成较大的开支偏移情况，在最终形成的《办法》文本中，需对这部分科目所涵盖的开支范围有明确界定。通过对中国文联所属全国文艺家协会回收的《定义汇总表》内容以及全国范围内艺术机构、单位对相应的科目定义范围的建议进行梳理，针对"大型舞台剧和作品"的现有开支类别名称及范围定义，共回收意见1562条，其中，801个调研对象针对具体科目提出具体调整意见1048条。对同类或相近意见进行了压缩和合并，对单条意见出现频次低于10次的意见（出现频次有效百分比低于1%）进行过滤清洗，所形成的意见汇总整理情况如表8所示。

表8 "大型舞台剧和作品"现有开支类别名称及范围定义意见汇总情况

开支类别	协会调研			直接调研		
	意见	频次	有效百分比	意见	频次	有效百分比
编剧费	含改编移植、版权费用	280	34.96%	含改编移植费	147	18.35%
作曲费	含曲牌设计(昆曲)、配器费	138	17.23%	含编曲、唱腔设计、配器设计费	202	25.22%

（续表）

开支类别	协会调研			直接调研		
	意见	频次	有效百分比	意见	频次	有效百分比
导演费	含技术导演、助理导演、指挥（限交响乐、民族管弦乐等）、舞蹈形体编导费	298	37.20%	含执行导演、技术导演、助理导演、指挥、编导等费用	155	19.35%
舞台美术设计费	含道具设计费	286	35.71%	含多媒体音像设计费	141	17.60%
舞台美术制作费	含道具制作、多媒体制作费、LOGO挂板制作及安装费	280	34.96%	含道具制作、多媒体制作费	141	17.60%
灯光音响器材租赁费	含录音、LED大屏幕制作费	12	1.50%	—	—	—
排练剧场租赁费	剧场合成租赁费	120	14.98%	—	—	—
录像费	含同期录音费	12	1.50%	含录音棚录制、乐队混响费	25	3.12%
宣传费	含纸媒、电视、电台、网络媒体宣传及宣传品（海报、说明书、音频、视频等）制作费	80	9.99%	含衍生品开发制作费	17	2.12%

对表8中针对具体开支类别名称及范围定义议题上所有意见，通过无异议（不单独列出）、调整两类形式进行意见排布。对累计有效意见出现频次百分比接近或超过50%，即出现频次超过"无异议"频次的有效意见进行分条描述。

1. 调整"编剧费"

调研结果显示，中国戏剧家协会等协会提出"编剧费"，除了纯粹的原创剧目创作外，还应包含改编或者移植剧目编剧及版权费用。该意见出现频次为280次，有效百分比为34.96%。针对昆曲创作，中国戏剧家协会指出曲牌的设计非常重要，每一幕用哪种套曲、每种套曲中用哪些曲牌，都十分严谨，需要专业的曲牌设计人才。如果编剧或作曲懂得曲牌设计，此项类别可与编剧费或作曲费合二为一，但要根据每个院团实际情况来确定。在对艺术机构、单位的直接调研中，河北省艺术研究院、四川省川剧院、天津京剧院、新疆生产建设兵团歌舞剧团等不同地域、层级、体制机制的机构、单位表示，编剧费应含改编、移植费用。该意见出现频次为147次，有效百分比为18.35%。相关单位表示，编剧费，除原创剧本创作外，剧本的改编、移植在舞台剧目创排中也很常见。剧种间剧目相互移植，在国内戏剧界更是屡见不鲜。剧团的看家戏被其他院团移植，剧团一度还以此为荣，版权意识淡薄可见一斑。现今根据我国著作权法，剧团要移植剧本，必须得到编剧和原剧团的许可，通过签订合同付费，付费的标准由双方自行约定。因此，通过对上述关联意见进行合并，对编剧费的范围定义调整意见，累计有效百分比为53.31%。经过对关联调研意见进行整合，确定"编剧费"应指支付舞台剧剧本创作、改编、移植剧本的费用。

2. 调整"导演费"

调研结果显示，中国戏剧家协会、中国音乐家协会等协会提出"导演费"，除了剧目导演外，还应含助理导演、技术导演、指挥（限交响乐、民族管弦乐等）、形体编导（歌舞剧、民族舞剧)等费用。该意见出现频次为298次，有效百分比为37.2%。在对艺术机构、单位的直接调研中，四川交响乐团、上海音乐学院、山西演艺集团、陕西省人民艺术剧院等不同地域、层级、体制机制的机构、单位表示，导演费除剧目总导演外，还应包括执行导演、技术导演、助理导演、指挥、编导等费用。该意见出现频次为155次，有效百分比为19.35%。对于"导演费"，中国戏剧家协会提出，据京剧、昆曲等戏曲创作的特殊性，在很多剧目创作时，都需要技术导演参与，不可或缺，故需将技术导演、助理导演等包含进来。山西演艺集团、陕西省人民艺术剧院等艺术机构、单位指出，比起新设立的"形体编导""音乐编导"等科目，可以改由范围扩大的形式对"导演费"进行再定义，容纳相关编导费用。山西演艺集团、中国音乐家协会、四川交响乐团等调研对象指出，交响乐等艺术结构复杂，每个乐器声部如何协调，一段旋律为何在某一处振奋、在某一处轻巧，这种理解是比较主观化的。指挥需要通过将这种个人主张借由乐团来实现，其工作分为两个部分：排练和表演。排练是指挥的主战场，是音乐作品的生产过程。排练前，指挥必须全方面考虑作品的各个要素（旋律、节奏、和声、音色、结构等），深入学习作品后，根据自己的艺术经验在头脑中形成该作品的理想表达，并结合乐团的现实状况，设计一个高效的排练计划，在有限的时间内完成最佳的音乐实现。指挥工作的另外一面是在舞台上呈现作品。音乐作品不同于其他艺术作品，是较为纯粹的时间艺术。它的艺术性既来源于时间性，也来源于结构性。在舞台上，指挥绝不是跟着乐手演奏的音乐翩翩起舞，而是先于演奏拍点预示每一个音乐事件发生的方式，并尽可能形象地用指挥语言，传递关于此音乐事件的核心品质。总的来看，指挥于交响乐的重要性等同于导演于舞台剧，应当予以经费支持。因此，通过对上述关联意见进行合并，对导演费的范围定义调整意见，累计有效百分比为56.55%。经过对关联调研意见进行整合，确定"导演费"名称可调整为"导演费（含编导、指挥）"，指用于支付导演、音乐及舞蹈编导、乐队指挥将剧本、曲谱、设计图内容转化为舞台形象，并编排形成完整舞台演出的费用。

3. 调整"舞台美术设计/制作费"

调研结果显示，中国戏剧家协会、中国舞蹈家协会、中国民间文艺家协会等协会提出"舞台美术设计/制作费"，除了舞台置景、灯光外，还应含道具设计与制作费、多媒体设计与制作费、LOGO挂板设计制作及安装费等费用。关于调整"舞台美术设计费、舞台美术制作费"的意见出现频次分别为286次、280次，有效百分比分别为35.71%、34.96%。在对艺术机构、单位的直接调研中，呼和浩特民族演艺集团、甘肃歌舞剧院、昌吉回族自治州艺术剧院等机构、单位表示，"舞台美术设计/制作费"还应包括多媒体音像设计制作费、道具设计制作费等费用。该意见出现频次皆为141次，有效百分比为17.6%。调研中，中国民间文艺家协会、南充市非物质文化遗产保护中心，结合木偶皮影艺术表示，舞台美术内应包含道具（偶型、皮影）设计制作的开支，道具部分支出主要用于支付道具设计、制作技术，体现道具设计意图并最终呈现的费用；呼和浩特民族演艺集团等单位表示，舞台艺术是追求自由时空的艺术，在传统的舞台布景下，舞台有清晰的边界与局限，其相对单一的表现形式与视听体验已远不能满足人民群众日益增长的对艺术观赏的新期待。在此背景下，随着当代艺术科技进步及跨媒体融合发展，当代科技的发展为传统的舞台剧形式注入新的活力，多媒体影像设计制作已成为舞台艺术呈现时的"标配"，相应的设计与制作支出需要得到保障。多媒体部分支出主要用于演出中音视频设计制作，以及LED、投影、调光、烟雾、幕布切换等电控设备操作等。因此，通过对上述关联意见进行合并，对舞台美术设计费、舞台美术制作费的范围定义调整意见，累计有效百分比分别为53.31%、52.56%。

鉴于"2.1合并设立'舞美设计/制作费'"部分提出，将灯光音响设计费、服装设计费、造型设计费纳入"舞美设计费"，服装制作费、化妆费纳入"舞美制作费"。因此，在本部分以范围定义界定的形式对先前调研成果予以确认，将"舞美设计费""舞美制作费"两科目的开支范围调整为"舞美设计费/制作费,指置景、灯光、音响、服装、道具、化妆以及多媒体视觉等所有舞台景观呈现过程中发生的设计、设备租赁与制作费用"。

(四)对开支类别限额标准的意见

类别的额度或比重标准,指对不同门类艺术活动的开支科目类别的资助强度。标准强度会因艺术形式的特殊性、活动的不可预测性而有所波动,因此,相关标准数字是对一般性情况的总结归纳,是符合行业正常情况的现实开支标准。为做好对艺术成本一般性开支情况的把握,还对全国范围内不同层级的(中央、省级、县市等)、不同性质(国有、民营等)、不同地域(东部、中西部地区等)的艺术机构、单位在进行一般性艺术活动过程中在不同类别、科目的支出区间进行了调研。中央和地方、事业和企业、国有和民营,地域之间的差异是客观存在的。按照一般性情况而言,成本开支结构应该保持稳定,但在现实当中,开支的强度常因供求关系、体制机制等内外部因素的影响而有所偏移。不同层级、类型和地域的院团就有不平衡之处,这些差异是客观的,需要加以体现。

针对"大型舞台剧和作品"的现有开支类别限额标准,从801个调研对象中共回收意见93251条,其中,清除无意见、空白项不相关意见后,对重复项进行唯一性处理后,共录得有效意见数据1922条。针对同一科目提出具体限额标准意见，不同于其他议题，要对累计有效意见出现频次百分比进行统计，对接近或超过50%的予以单独呈现，本部分因涉及的议题意见多样性较大、差异性较强，且为数字形式，特对其进行加权平均计算，所形成的意见汇总整理情况按艺术门类加以呈现。

1. 戏曲

从艺术门类来看，对于"戏曲"门类的各科目开支标准反馈意见占总体意见条数的30.28%。我国戏曲体系庞大，经过漫长的演变发展，戏曲剧种数目繁多，但全国跨省区的、有广泛影响的大剧种不多，不同剧种在成本开支活动上的标准限额也有明显的差别。以下将分别呈现。

1.1 京剧（单位：万元）

一级科目	子科目	中央	省级	省级以下	事业单位	企业单位	国有	民营	东部地区	中西部地区	综合意见
创作费	编剧费	30—40	30—50	20—40	10—40	30—50	20—30	10—30	20—40	10—40	30
	作曲费	15—25	15—30	10—20	5—10	10—20	10—15	5—10	15—25	10—15	15
	导演费	30	30—50	20—40	10	30—50	20—30	10—30	20—40	10—40	30
	舞美设计费	10—20	10—20	8—15	5—10	8—12	10—15	5—10	10—20	8—15	15
	灯光设计费	8—20	8—18	6—13	3—8	6—10	8—13	3—8	8—18	6—13	10
	服装设计费	10—20	10—20	8—15	5—10	8—12	10—15	5—10	10—20	8—15	15
	造型设计费	8—18	8—18	6—13	3—8	6—10	8—13	3—8	8—18	6—13	10
制作费	排练劳务费	50—80	40—80	30—40	30	40	30	20	60	30	45
	排练剧场租赁费	一般自有	一般自有	20	一般自有	20	20	20	30	20	25
	舞台美术制作费	60	80	30	40	40	50	10	80	30	50
	灯光音响器材租赁费	0	0	10	0	10	10	10	20	10	15
	音乐制作费	2—3	2—3	2—3	2—3	2—3	2—3	2—3	2—3	2—3	2.5
	服装制作费	20—30	20—30	20	15—30	10—20	20—30	5—15	30	15	20
	化妆费	3	3	1	0.5	1	1	0.2	2	1	1.5
	录像费	5	5	15	5	5	5	5	5	5	6.5
演出费	场馆租赁费	25	20—25	10—23	15—23	20—23	20—23	10—20	25	15—20	40
	运输费	20	20	20	20	19—20	18—20	15—20	20	15—20	20
	差旅费	40	40	20—40	35—40	30—39	20—38	20—35	40	30—36	38
	宣传费	10—15	10—20	10	10	9—10	9—10	5—8	10—20	8—10	12

1.2 昆曲（单位：万元）

一级科目	子科目	中央	省级	省级以下	事业单位	企业单位	国有	民营	东部地区	中西部地区	综合意见
创作费	编剧费	30	30—50	20—40	10—60	30—50	20—30	10—30	20—40	10—40	30
	作曲费	20	15—30	10—20	5—20	10—20	10—15	5—10	15—25	10—15	15
	导演费	30	30—50	20—40	10—60	25—50	10—30	10—30	20—40	10—40	30
	舞美设计费	15—20	10—20	8—15	5—30	8—15	10—15	5—10	10—20	8—15	15
	灯光设计费	15—20	8—18	6—15	3—20	6—15	8—13	3—8	8—18	6—13	15
	服装设计费	10	10—20	8—15	5—20	8—12	10—15	5—10	10—20	8—15	15
	造型设计费	10	8—18	6—13	3—15	6—10	8—13	3—8	8—18	6—13	10
制作费	排练劳务费	50	40—80	30—40	10—30	40	30	20	60	30	40
	排练剧场租赁费	20	20	20	20	20	20	20	20	15	20
	舞台美术制作费	50	50—80	30—50	40—50	40—50	50	10—40	50—80	30—45	47
	灯光音响器材租赁费	20—40	20	10—20	10—20	10—15	10—15	10	15—20	10—15	16
	音乐制作费	10	2—10	2—10	2—15	2—10	2—10	2—8	2—10	2—8	7
	服装制作费	25	20—30	20—25	15—50	10—25	20—30	5—20	25—30	15—20	23
	化妆费	3—10	3	1—3	0.5—5	1—3	1—3	0.2—3	2—3	1—3	2.7
	录像费	10	5—10	5—10	5—15	5—10	5—8	5—8	5—10	5—8	8
演出费	场馆租赁费	25	20	10	15—50	20	20	10—20	25	15—20	21
	运输费	20	20	20	20	20	20	20	20	15—20	20
	差旅费	40	40	20—40	35—40	30—40	20—40	20—35	40	30—35	35
	宣传费	10—15	10—20	10	10—20	10	8—10	5—8	10—20	8—10	12

1.3 地方戏（单位：万元）

一级科目	子科目	中央	省级	省级以下	事业单位	企业单位	国有	民营	东部地区	中西部地区	综合意见
创作费	编剧费	30—60	30—50	20—40	10—50	30—50	20—50	10—30	20—40	10—40	33
	作曲费	20—30	15—30	10—20	5—20	10—20	10—20	5—20	15—25	10—20	17
	导演费	30—50	30—50	20—40	10—30	30—50	20—35	10—30	20—40	10—40	30
	舞美设计费	15—30	10—20	8—15	5—25	8—25	10—25	5—15	10—20	8—15	15
	灯光设计费	15—30	8—20	6—15	3—30	6—20	8—20	3—15	8—18	6—15	14
	服装设计费	10—30	10—20	8—15	5—25	8—20	9—20	5—10	10—20	8—15	14
	造型设计费	10	6—13	3—10	6—10	8—13	3—10	8—18	8—18	6—13	10
制作费	排练劳务费	50	40—80	30—50	30—50	40—50	30—50	20—47	50—60	30—47	45
	排练剧场租赁费	20—30	20—30	20	20—30	20—30	20—30	15—20	20	15—20	23
	舞台美术制作费	50—80	50—80	30—50	40—50	40—50	50	10—47	50—80	30—48	50
	灯光音响器材租赁费	20—30	20—30	10—20	20—30	10—30	10—30	10—20	20	10—15	20
	音乐制作费	10	2—10	2—10	2—10	2—10	2—10	2—10	2—10	2—8	8
	服装制作费	25—40	20—40	20—30	15—30	10—25	20—30	5—30	25—30	15—20	24
	化妆费	3—5	3	1—3	0.5—3	1—3	1—3	0.2—3	2—3	1—3	2.5
	录像费	10	5—10	5—10	5—10	5—10	5—10	5—10	5—10	5—8	8
演出费	场馆租赁费	25—40	20—30	10—23	15—35	20—35	20—35	10—25	25	15—20	22
	运输费	20	20	15—20	20	19—20	18—20	15—20	20	15—20	19
	差旅费	40	30—40	20—40	30—40	30—39	20—38	20—35	40	30—36	34
	宣传费	10	10—20	8—10	10	10	9—10	5—8	10—20	8—10	11

1.4 话剧（单位：万元）

一级科目	子科目	中央	省级	省级以下	事业单位	企业单位	国有	民营	东部地区	中西部地区	综合意见
创作费	编剧费	40—50	50	30	45	40	45	30	55	25	40
	作曲费	5	5	5	5	5	5	4	5	4	5
	导演费	30	30	30	30	30	27	26	30	27	29
	舞美设计费	20	20	20	20	20	18	15	20	15	19
	灯光设计费	15	15	15	15	15	14	10	15	13	14
	服装设计费	10	10	10	10	10	9	8	10	8	9
	造型设计费	10	10	10	10	10	9	8	10	8	9
制作费	排练劳务费	50	50	50	50	48	48	48	50	47	49
	排练剧场租赁费	20	20	20	20	19	18	15	20	15	19
	舞台美术制作费	50	50	50	50	49	48	48	50	47	49
	灯光音响器材租赁费	20	20	20	20	19	18	15	20	15	19
	音乐制作费	5	5	5	4	3	3	3	5	3	4
	服装制作费	25	25	24	23	23	23	20	25	20	23
	化妆费	3	3	3	3	2	2	2	3	2	3
	录像费	10	10	10	10	10	9	8	10	8	9
演出费	场馆租赁费	25	25	23	23	23	23	20	25	20	23
	运输费	20	20	20	20	19	18	15	20	15	19
	差旅费	40	40	40	40	39	38	35	40	36	39
	宣传费	10	10	10	10	9	9	8	10	8	9

1.5 歌剧(单位:万元)

一级科目	子科目	中央	省级	省级以下	事业单位	企业单位	国有	民营	东部地区	中西部地区	综合意见
创作费	编剧费	30	25	20	25	25	30	25	30	25	26
	作曲费	60	53	55	55	55	55	50	60	55	55
	导演费	30	30	25	30	28	30	25	30	25	28
	舞美设计费	25	20	18	23	20	23	20	25	20	22
	灯光设计费	15	10	10	15	10	10	8	15	10	11
	服装设计费	25	15	15	20	20	20	15	20	15	18
	造型设计费	10	10	6	10	10	10	7	10	8	9
制作费	排练场租赁费	120自有场地	80	60	100	100	100	120	100	60	93
	舞台美术制作费	100	55	50	55	53	55	53	55	50	53
	灯光音响器材租赁费	25	80	50	80	200	200	200	200	50	129
	音乐制作费	40	20	20	25	20	25	20	25	20	22
	服装制作费	50	40	38	40	35	40	35	40	33	38
	化妆费	5	50	45	50	48	50	40	50	40	47
	录像费	10	3	3	5	3	4	4	5	3	4
演出费	场馆租赁费	40	8	8	10	8	10	6	10	8	9
	运输费	20	30	30	35	35	35	40	40	40	36
	差旅费	55	20	25	20	18	20	20	20	25	21
	宣传费	10	55	50	58	50	55	50	55	57	54
			10	10	8	8	10	10	10	10	10

1.6 舞剧(单位：万元)

一级科目	子科目	中央	省级	省级以下	事业单位	企业单位	国有	民营	东部地区	中西部地区	综合意见
创作费	编剧费	15	10	10	10	10	10	10	10	8	10
	作曲费	55	50	50	50	50	50	50	50	50	51
	导演费	80	65	50	50	50	50	50	65	50	57
	舞美设计费	25	20	20	20	20	20	20	20	20	21
	灯光设计费	18	16	15	15	15	18	15	15	15	16
	服装设计费	22	20	20	20	20	20	20	20	20	20
	造型设计费	15	10	10	10	10	10	10	10	10	11
	排练劳务费	65	80	80	75	80	77	80	80	55	75
制作费	排练剧场租赁费	自有场地	自有场地	25	20	23	25	25	25	25	24
	舞台美术制作费	85	80	77	80	76	80	75	80	80	79
	灯光音响器材租赁费	30	25	25	25	25	25	25	25	25	26
	音乐制作费	45	40	40	45	40	43	40	40	40	41
	服装制作费	53	45	45	50	45	45	40	55	45	47
	化妆费	8	5	3	3	3	3	5	5	3	4
	录像费	10	10	8	8	8	10	8	10	7	9
演出费	场馆租赁费	40	30	30	30	30	35	30	30	30	32
	运输费	20	18	15	20	15	20	15	20	23	18
	差旅费	60	55	53	55	52	55	52	55	55	55
	宣传费	20	15	10	12	12	15	10	10	8	12

1.7 音乐剧(单位:万元)

一级科目	子科目	中央	省级	省级以下	事业单位	企业单位	国有	民营	东部地区	中西部地区	综合意见
创作费	编剧费	30	27—30	25	25	25	28	25	30	20	25
	作曲费	80	60	60	60	60	60	60	60	60	60
	导演费	40	30—40	30	30	30	30	30	30	30	30
	舞美设计费	20	20	20	20	20	20	20	20	20	20
	灯光设计费	15	12	10	15	12	15	10	15	10	12
	服装设计费	25	20	20	20	20	20	20	20	20	20
	造型设计费	10	8	10	10	10	10	10	10	10	10
制作费	排练劳务费	100	80	80	78—80	80	80	80	80	75	79
	排练剧场租赁费	自有场地	自有场地	25	25	20	25	20	25	22	23
	舞台美术制作费	100	85	80	80	80	80	76	95	80	82
	灯光音响器材租赁费	35	25	23	20	25	20	25	25	24	23
	音乐制作费	60	45	40	44	40	40	36	40	38	40
	服装制作费	55	50	50	50	51	50	50	50	49	50
	化妆费	8	5	3	3	3	3	3	3	2.5	3
	录像费	15	10	8	10	8	10	7	10	7	9
演出费	场馆租赁费	30	30	30	30	30	30	30	30	30	30
	运输费	20	20	20	20	20	20	22	20	24	21
	差旅费	55	55	50	55	52	55	50	55	50	52
	宣传费	10	8	8	8	7	8	8	8	8	8

第二部分 调研数据分析情况

1.8 儿童剧（单位：万元）

一级科目	子科目	中央	省级	省级以下	事业单位	企业单位	国有	民营	东部地区	中西部地区	综合意见
创作费	编剧费	20	20	20	20	15	15	10	20	10	17
	作曲费	5	5	5	5	5	5	5	5	5	5
	导演费	20	20	20	20	18	16	10	20	17	18
	舞美设计费	15	15	15	15	15	14	10	15	13	14
	灯光设计费	15	15	15	15	15	14	10	15	13	14
	服装设计费	10	10	10	10	10	10	8	10	8	10
	造型设计费	5	5	5	4	3	3	3	5	3	4
制作费	排练劳务费	25	25—40	23	23	23	23	20	25	20	23
	排练剧场租赁费	15	15—25	15	15	15	14	10	15	13	14
	舞台美术制作费	30	30	30	30	30	30	25	30	25	29
	灯光音响器材租赁费	15	15	15	15	15	14	10	15	13	14
	音乐制作费	5	5—10	5	4	3	3	3	5	3	4
	服装制作费	15	15	15	15	15	14	10	15	13	14
	化妆费	3	3—5	3	3	2	2	2	3	2	3
	录像费	10	10	10	10	10	10	8	10	8	10
演出费	场馆租赁费	20	20	20	20	18	16	10	20	17	18
	运输费	15	15	15	15	15	14	10	15	13	14
	差旅费	30	30	30	30	30	30	25	30	25	29
	宣传费	10	10	10	10	10	10	8	10	8	10

1.9 杂技剧（单位：万元）

一级科目	子科目	中央	省级	省级以下	事业单位	企业单位	国有	民营	东部地区	中西部地区	综合意见
创作费	编剧费	10	8—10	8	8	8	8	10	10	10	9
	作曲费	20	18	15—18	16	16	18	16	20	16	17
	导演费	40	30	30	35	30	35—40	30	38	30	32
	舞美设计费	20	20	18	20	18	20	15	20	18	18
	灯光设计费	15	13	10—15	15	15	10—15	15	15	12	14
	服装设计费	20	18	15	15	15	15—18	12	15	12	14
	造型设计费	10	8	8	8	8	8	5—8	8	8	8
制作费	排练劳务费	100	60—120	100	85	100	100	85—100	100	90	96
	排练剧场租赁费	自有场地	自有场地	20	20	20	20	20	20	20	20
	舞台美术制作费	60	60—150	80	80	60—85	80	75	80	75	78
	灯光音响器材租赁费	25	20	21	21	21	21	21	21	21	21
	音乐制作费	25	20	18	18	18	18	18	18	18	18
	服装制作费	40	40	35	35	35	35	35	35	35	35
	化妆费	5	3	3	3	2.5	3	3	3	2.5	3
	录像费	10	8	8	5	8	8	5	8	7	7
演出费	场馆租赁费	30	25	25	27	25	25	25	28	25	26
	运输费	20	20	21	20	20	20	20	20	23	21
	差旅费	40	40	38	38	38	38	38	38	35	38
	宣传费	20—30	10—25	10	10	10	10	10	10	10	10

1.10 木偶剧（单位：万元）

一级科目	子科目	中央	省级	省级以下	事业单位	企业单位	国有	民营	东部地区	中西部地区	综合意见
创作费	编剧费	10	7—10	8	8	7	8—10	7	8—10	7	7
	作曲费	10	10	9	10	9	10	9	10	9	9
	导演费	10	8	8	10	8	8	8	9	8	8
	舞美设计费	15	15	14	10	15	15	13	10—15	13	13
	灯光设计费	10	9	8	8	8	8—10	8	8	8	8
	服装设计费	0	0	0	0	0	0	0	0	0	0
	造型设计费	0	0	0	0	0	0	0	0	0	0
	排练劳务费	20	18—20	15	15	13	15	10—12	15	12	12
制作费	排练剧场租赁费	10	10	10	10	10	10	10	10	10	10
	舞台美术制作费	25	20	20	18	18	20	20	24	20	20
	灯光音响器材租赁费	5	5	3	5	3	5	3.5	5	3.5	4
	音乐制作费	10	10	8	8	7	8	7	7	5	5
	服装制作费	8	5	5	8	6	6	5	7	6.5	7
	化妆费	0	0	0	0	0	0	0	0	0	0
	录像费	10	10	9	10	10	10	8	10	8	8
演出费	场馆租赁费	15	15	10	15	10	15	12	15	10	10
	运输费	15	12	12	15	10	10	10	10	10	10
	差旅费	18	15	14	15	9	10	8—10	10	8	8
	宣传费	10	9	8	9	8	8	8	8—10	8	8

1.11 皮影戏（单位：万元）

一级科目	子科目	中央	省级	省级以下	事业单位	企业单位	国有	民营	东部地区	中西部地区	综合意见
创作费	编剧费	8	8	5—8	8	8	8	7	8	5—8	8
	作曲费	5	5	3.5	5	5	5	5	5	3—5	5
	导演费	10	9	9	10	10	10	8	10	10	10
	舞美设计费	10	8	8	10	10	10	10	10	10	10
	灯光设计费	3	3	3	3	3	3	3	3	3	3
	服装设计费	0	0	0	0	0	0	0	0	0	0
	造型设计费	0	0	0	0	0	0	0	0	0	0
制作费	排练劳务费	15	12	12	15	15	15	10—15	15	12	14
	排练剧场租赁费	10	10	8	10	8	10	8	10	8	9
	舞台美术制作费	15	12—15	14	14	14	14	14	14	14	14
	灯光音响器材租赁费	3	3	2.5	3	3	3	3	3	3	3
	音乐制作费	5	5	3—5	5	5	5	5	5	5	5
	服装制作费	0	0	0	0	0	0	0	0	0	0
	化妆费	0	0	0	0	0	0	0	0	0	0
	录像费	10	8	8	8	8	8	8	8	8	8
演出费	场馆租赁费	15	14	14	15	14	15	14	14	14	14
	运输费	15	12	9	12	12	12	9.5—13	12	10	12
	差旅费	18	15	15	16	15	15	15	15	13	15
	宣传费	10	8	8	10	8	8	8	10	6.5	9

1.12 小剧场戏剧（单位：万元）

一级科目	子科目	中央	省级	省级以下	事业单位	企业单位	国有	民营	东部地区	中西部地区	综合意见
创作费	编剧费	20	15—20	10—20	5—20	5—15	10—15	3—10	10—20	3—10	13
	作曲费	5	5	2—5	2—5	2—5	1—5	0.5—4	3—5	0.5—4	4
	导演费	20	20	10—20	5—20	8—18	8—16	5—10	15—20	7—8	14
	舞美设计费	10	10	10	10	10	10	8	10	8	10
	灯光设计费	5	5	5	4	3	3	3	5	3	4
	服装设计费	10	8—10	5—10	5—10	8—10	5—9	3—8	10	3—8	8
	造型设计费	3	3	3	3	2	2	2	3	2	2.5
	排练劳务费	15	15	15	15	15	14	10	15	13	14
制作费	排练剧场租赁费	10	10	10	10	10	9	9	10	9	10
	舞台美术制作费	15	15	15	15	15	14	10	15	13	14
	灯光音响器材租赁费	5	5	5	4	3	3	3	5	3	4
	音乐制作费	10	10	10	10	10	9	8	10	8	9
	服装制作费	10	10	10	10	10	9	8	10	8	9
	化妆费	3	3	3	3	2	2	2	3	2	3
	录像费	10	10	10	10	9	9	7	10	8	9
演出费	场馆租赁费	15	15	15	15	15	14	10	15	13	14
	运输费	15	15	15	15	14	13	10	15	13	14
	差旅费	18	18	18	18	16	16	15	18	16	17
	宣传费	10	10	10	10	9	9	7	10	8	9

1.13 交响乐（单位：万元）

一级科目	子科目	中央	省级	省级以下	事业单位	企业单位	国有	民营	东部地区	中西部地区	综合意见
创作费	编剧费	0	0	0	0	0	0	0	0	0	0
	作曲费	120	110	280	240	400	250	400	240	200	249
	导演费	30	25	20	20	20	20	20	20	20	22
	舞美设计费	0	0	0	0	0	0	0	0	0	0
	灯光设计费	0	0	0	0	0	0	0	0	0	0
	服装设计费	0	0	0	0	0	0	0	0	0	0
	造型设计费	0	0	0	0	0	0	0	0	0	0
制作费	排练劳务费	60	60	50	60	55	100	50	60	40	59
	排练剧场租赁费	自有场地	自有场地	25	20	18	18	20	25	18	21
	舞台美术制作费	3	3	3	3	3	3	3	3	2.5	3
	灯光音响器材租赁费	自有设备	自有设备	20	20	18	20	20	20	18—20	20
	音乐制作费	0	0	0	0	0	0	0	0	0	0
	服装制作费	10	8	8	8	8—10	10	8	10	6.5	9
	化妆费	3	3	3	3	3	3	3	3	3	3
	录像费	10	10	10	10	10	10	8	10	8	10
演出费	场馆租赁费	40	30—35	33	38	30	35	30	30	30	33
	运输费	10	8	8	8	8	8	8	8	6	8
	差旅费	18	15	15	15	15	15	15	15	12	15
	宣传费	10	8	8	8	8	8	8	8	8	8

1.14 民族管弦乐(单位:万元)

一级科目	子科目	中央	省级	省级以下	事业单位	企业单位	国有	民营	东部地区	中西部地区	综合意见
创作费	编剧费	0	0	0	0	0	0	0	0	0	0
	作曲费	100	80	70	80	60	80	60	80	55—60	76
	导演费	20	15	12	15	15	15	15	15	15	15
	舞美设计费	0	0	0	0	0	0	0	0	0	0
	灯光设计费	0	0	0	0	0	0	0	0	0	0
	服装设计费	0	0	0	0	0	0	0	0	0	0
	造型设计费	0	0	0	0	0	0	0	0	0	0
	排练劳务费	50	50	45	40	50	50	45	50	42	48
	排练剧场租赁费	自有场地	自有场地	20	25	23	25	20	25	21	23
	舞台美术制作费	5	3	3	3	3	3	3	3	3	3
制作费	灯光音响器材租赁费	自有场地	自有场地	15	18	16	16	15	15	15	16
	音乐制作费	0	0	0	0	0	0	0	0	0	0
	服装制作费	10	10	8	10	8	8	8	10	7	9
	化妆费	3	3	3	3	3	3	3	3	3	3
	录像费	10	10	10	10	8	10	8	10	8	10
	场馆租赁费	20	18	16—18	18	16	20	18	20	15	19
演出费	运输费	10	10	9	10	10	10	7	10	7	10
	差旅费	18	18	15	15	15	17	15	18	15	16
	宣传费	10	10	10	10	10	10	8	10	8	10

1.15 曲艺中篇（单位：万元）

一级科目	子科目	中央	省级	省级以下	事业单位	企业单位	国有	民营	东部地区	中西部地区	综合意见
创作费	编剧费	18	15	15	15	18	12	15	18	15	16
	作曲费	12	10	8	10	12	10	10	12	8	10
	导演费	10	10	6	5	8	6	7	10	6	8
	舞美设计费	7	4	3	3	4	3	3	7	3	4
	灯光设计费	5	3	3	4	5	3	4	5	3	4
	服装设计费	8	5	4	5	8	6	5	8	4	6
	造型设计费	6	5	3	5	6	4	4	6	3	5
	排练劳务费	10	10	9	9	10	8	9	10	9	9
制作费	排练剧场租赁费	12	12	8	8	12	8	10	12	9	10
	舞台美术制作费	5	5	3	3	5	4	4	5	3	4
	灯光音响器材租赁费	5	5	3	4	5	3	4	5	3	4
	音乐制作费	3	3	3	3	3	3	3	3	3	3
	服装制作费	3	3	3	2	3	3	2	3	3	3
	化妆费	3	3	2	2	3	2	2	3	2	2
	录像费	8	8	7	7	8	8	8	8	7	8
演出费	场馆租赁费	10	10	8	8	10	10	8	10	8	9
	运输费	10	10	9	9	10	7	8	10	9	9
	差旅费	18	18	16	15	18	15	16	18	14	16
	宣传费	12	12	11	10	12	8	9	12	9	11

1.16 曲艺长篇（单位：万元）

一级科目	子科目	中央	省级	省级以下	事业单位	企业单位	国有	民营	东部地区	中西部地区	综合意见
创作费	编剧费	25	20	18	15	20	15	18	25	12	19
	作曲费	20	15	15	15	15	15	15	20	15	16
	导演费	12	10	8	8	10	9	9	12	8	10
	舞美设计费	6	5	3	3	5	4	5	6	3	4
	灯光设计费	12	10	6	5	10	6	8	12	6	8
	服装设计费	12	10	5	5	10	5	7	12	5	8
	造型设计费	8	6	3	3	6	5	5	8	3	5
制作费	排练劳务费	25	20	15	10	20	10	12	25	12	17
	排练剧场租赁费	15	15	10	8	15	7	8	15	10	11
	舞台美术制作费	6	5	5	3	5	4	5	6	4	5
	灯光音响器材租赁费	6	5	5	3	5	4	5	6	4	5
	音乐制作费	4	3	3	2	3	2	3	4	3	3
	服装制作费	8	5	5	2	5	2	3	8	2	4
	化妆费	3	3	3	2	3	3	3	3	3	3
	录像费	40	35	28	28	25	30	25	30	10	28
演出费	场馆租赁费	18	15	15	10	15	12	12	18	15	14
	运输费	10	10	10	7	10	8	8	10	10	9
	差旅费	20	20	15	12	20	15	18	20	14	17
	宣传费	20	18	15	15	12	10	12	20	12	15

1.17 跨界融合（单位：万元）

一级科目	子科目	中央	省级	省级以下	事业单位	企业单位	国有	民营	东部地区	中西部地区	综合意见
创作费	编剧费	20	18	15	18	10—20	18	7—20	20	12	17
	作曲费	20	20	20	20	20—25	22	24	20	18	21
	导演费	10	10	10	10	10—12	11	8—12	10	9	10
	舞美设计费	35	30	25	24	22	20	28	35	19	26
	灯光设计费	10	10	10	7	10	7	8	10	9	9
	服装设计费	10	10	10	6	7	7	8	10	9	9
	造型设计费	20	15	10	18	10	18	17	20	15	16
制作费	排练劳务费	15—40	15—30	15—25	14—40	15—30	15—30	14—30	35	15	25
	排练剧场租赁费	20	20	20	20	20—25	21	15	20	15	19
	舞台美术制作费	25	25	23	23	23—25	23	24	25	20	24
	灯光音响器材租赁费	20	14	13	18	13	13	10	13	13	14
	音乐制作费	15	14	13	13	13	13	15	13	13	14
	服装制作费	15	14	13	12	13	13	14	13	13	13
	化妆费	5	3	13	3	3	3	3	5	3	5
	录像费	10	10	10	8	10	9	8	10	9	9
演出费	场馆租赁费	25	25	25	25	25	23	20	25	20	24
	运输费	15	15	15	15	15	15	15	15	15	15
	差旅费	18	18	18	15	25	18	18	18	18	18
	宣传费	20	18	10	10	20	10	16	20	8	15

根据上述调研结果来看，现行"大型舞台剧和作品"的资助经费开支范围包括创作费、制作费、演出费等三个一级科目，在整体经费开支结构比例中，一般呈现为3:4:3的结构，依照艺术门类、规模场次、市场行情等不同而各有浮动。3:4:3的开支结构比例是依据一般性舞台剧目生产演出实际确定的，但在一般性之外，如剧种、地域、院团体制机制等差异性的存在，则会在一定程度上紊乱现有的比例。例如，民族管弦乐不同于音乐剧等大型舞台剧目，从整体体量规模上更偏于中型。调研结果显示，一般资助额度在250万元左右，远低于交响乐500万元的额度，但在内部结构方面两者却相差较大。相较于一般性舞台剧目创作，交响乐创作在前期创作部分的投入比重普遍较高，主要集中于作曲创作活动开支，相应的制作、演出阶段则在比重上相应偏低，基本结构在6:3:1的比例上，民族管弦乐则一般在3:4:3的结构比例上。再如，曲艺中篇、曲艺长篇的制作环节工序流程较为简洁，舞台置景、桌椅道具器材可以延续重复使用，不像其他剧目的置景、服装和道具等是"一戏一用"，因而制作费部分比重应略低于现有比例，曲艺一般又于表演演出上简便易行，多用"一人多角"，重说、唱而轻舞美，在演出上一般通过电台、电视台播出，制作环节的录音、录像成本相对偏高。整体而言，曲艺的一般开支结构比例为3.5:3.5:3。

正由于上述差异性、特殊性的存在，调研对象普遍表示，希望在经费管理中尽量增加预算调整的灵活度，可在现行的基本比例上制定一个浮动比例，在一定幅度内保证项目主体对资金的自主调剂权。与各地艺术机构、单位的调研座谈中，此类意见反映得较为集中。艺术活动是具有探索性、创造性的复杂劳动，现行的开支结构比例，是对一般性舞台剧目创作生产演出成本经验的概括和凝练，并不是普适的、僵化的成本指标。自艺术基金设立以来，通过对艺术生产与活动规律的把握，经深入论证、反复测算和验证，基本形成了对相应艺术门类的资助额度与开支限额标准。随着艺术创作生产环境、要素市场价格的变化，项目的实际开支也随之发生变动。依据本次调研结果进行开支结构设计时，艺术基金将尝试探索不同项目开支结构比例浮动的空间，只要不超出项目资助额度的总约束，确保项目承担主体可根据项目艺术特性与实际情况，对需资金倾斜的活动类别照限额足额开支，满足艺术活动开支的差异化特性。

（五）小结

根据双线调研意见，建议"大型舞台剧和作品"资助项目开支范围调整为如表9所示。

表9 "大型舞台剧和作品"资助项目开支范围调整情况

	现行科目		建议调整	
	一级科目	子科目	一级科目	子科目
一、直接费用	（一）创作费	编剧费	（一）创作费	编剧费（含改编移植）
		作曲费		作曲费（含编曲、唱腔设计）
		导演费		导演费（含编导、指挥）
		舞美设计费		舞美设计费
		灯光设计费		前期研讨费
		服装设计费	（二）制作费	舞美制作费
		造型设计费		音乐制作费
		道具设计费	（三）排练演出费	租赁费
		其他		演职人员排演补贴
	（二）制作费	排练劳务费		运输费
		排练场地租赁费		差旅费
		舞台美术制作费		化妆费
		灯光音响器材租赁费		宣传费
		音乐制作费		录音录像费
		服装制作费		艺术指导费
		化妆费		后期研讨费
		录像费	—	—
		其他	—	—
	（三）演出费	场馆租赁费	—	—
		运输费	—	—
		交通费	—	—
		住宿费	—	—
		伙食费	—	—
		宣传费	—	—
		其他	—	—
二、间接费用	不可填		允许填列	

总体来看，建议调整后的"大型舞台剧和作品"资助项目的经费开支类别结构由直接费用与间接费用两部分组成，直接费用由创作费、制作费、排练演出费等三个一级科目构成，一级科目下设有若干子科目，创作费科目下，设有编剧费、作曲费、导演费、舞美设计费、前期研讨费等五个子科目；制作费科目下，设有舞美制作费、音乐制作费等两个子科目；排练演出费科目下，设有租赁费、演职人员排演补贴、运输费、差旅费、宣传费等九个子科目。较现行开支类别结构，一级科目总数不变，子科目减少九个。

直接费用是指在项目实施过程中发生的与之直接相关的费用，具体包括：

编剧费（含改编移植）：支付舞台剧剧本创作、改编、移植剧本的费用。

作曲费（含编曲、唱腔设计）：支付作曲家对舞台演出中的音乐、唱段进行乐谱编排的费用（戏曲唱腔设计：支付对戏曲剧目演出中宫谱创作的费用）。

导演费（含编导、指挥）：支付导演、音乐及舞蹈编导、乐队指挥将剧本、曲谱、设计图内容转化为舞台形象，并编排形成完整舞台演出的费用。

舞美设计费：支付置景、灯光、音响、服装、道具、化妆以及多媒体视觉等所有舞台景观呈现过程中发生的设计费用。

前期研讨费：支付演出主创、专家在制作前期对演出项目的可行性、内容论证、设计研讨、演员选取等前期筹备工作的费用。

舞美制作费：支付置景、灯光、音响、服装、道具、化妆以及多媒体视觉等所有舞台景观呈现过程中发生的设备租用与制作费用。

音乐制作费：支付音乐素材采集、制作、合成（录音、乐队演奏、录音棚租用及合成、混音、MIDI 小样制作等）费用。

租赁费：支付舞台作品在排练演出期间所需要的场地、灯光、投影、音响设备、服装、道具的租赁费用。

演职人员排演补贴：支付舞台作品在排练演出期间演职人员的劳动报酬。

运输费：支付舞台设备在进、出剧场期间的运输费用和运输过程中发生的保险费用。

差旅费：支付舞台作品在排练演出期间发生的相关人员的城市间飞机、火车、轮船或租用大巴的费用、市内交通费、住宿费和伙食费。

化妆费：支付化妆师对人物的须发、头饰、面型以及身体裸露部分，或偶形造型进行的体现设计意图的修饰费用。

宣传费：支付舞台作品剧本、导演手记等资料印刷出版以及海报、宣传册、媒体报道等宣传活动的费用。

录音录像费：支付舞台作品在排练演出期间发生的录音、录像以及后期剪辑费用。

艺术指导费：支付艺术指导人员在舞台作品排练演出期间协助导演进行二度创作、指导演员提高表演技巧能力的费用。

后期研讨费：支付舞台作品首演结束后组织专家针对剧目演出具体细节元素进行加工修改提高的费用。

间接费用是指项目承担主体在组织实施项目过程中发生的无法在直接费用中列支的相关费用，主要用于相关税费、专项审计费用以及意外情况发生所带来的额外费用等。间接费用按一定比例核定，实行总额控制，不得超过总体资助资金总额的5%。

汇总"（一）对资助额度的意见""（四）对开支类别限额标准的意见"，调研对象对各门类大型舞台剧和作品的建议资助的一般强度如表10所示。

表10 "大型舞台剧和作品"资助额度调研情况

艺术门类	现行资助额度（万元）	调研建议	课题组意见	艺术门类	现行资助额度（万元）	调研建议	课题组意见
戏曲	250	400	维持现有强度	皮影戏	60	100	维持现有强度
话剧	250	300	维持现有强度	小剧场戏剧	80	150	维持现有强度
歌剧	400	600	维持现有强度	交响乐	120	500	维持现有强度
舞剧	400	500	维持现有强度	民族管弦乐	120	200	维持现有强度
音乐剧	400	550	维持现有强度	曲艺中篇	50	150	维持现有强度
儿童剧	120	250	维持现有强度	曲艺长篇	50	200	维持现有强度

（续表）

艺术门类	现行资助额度（万元）	调研建议	课题组意见	艺术门类	现行资助额度（万元）	调研建议	课题组意见
杂技剧	300	400	维持现有强度	木偶剧	100	120	维持现有强度
跨界融合	100	300	维持现有强度	—	—	—	—

根据艺术基金资助目标和资助重点，课题组对调研建议的一般资助强度数字进行了核验，认为调研建议的资助强度有一定的代表性，但现时不宜增加资助强度，理由如下。

一是舞台艺术生产要素价格短期内未发生显著浮动。所有商品和服务的价格在很大程度上取决于相关的供给和需求因素，舞台艺术产品也不例外。从国内近五年的舞台艺术的生产消费结构数据来看，单位人工的艺术劳动时间、艺术生产率是较为稳定的。在政府公共资金支持与政策的宏观调控下，相应舞台演出产品与服务成本的提升速度通常缓于经济的通货膨胀率[1]，且这种上涨通常不会像食品、燃料或衣服等一样直接反映到市场价格上，并因此抑制需求。大多数研究表明，观看舞台表演艺术的需求缺乏价格弹性[2]，这意味着，价格上涨不会导致相应比例的需求下降。总之，稳定的生产供给与人民群众逐步增长的精神文化消费需求基本做到相适应，均衡价格未出现急遽上扬的趋势。

---

[1] Baumol, H., Baumol, W.J., eds.(1984). *Inflation and the Performing Arts*. New York:New York University Press, p.36.

[2] James Heilbrun and Charles M. Gray. (2001). *The economics of art and culture*. Cambridge University Press, p.102.

二是项目实施主体对现行资助强度接受度良好。从近五年的情况来看，各级各类机构、单位和个人申报艺术基金的积极性不断提升，申报项目量逐年上升，尚无一例因现行资助强度不够而终止项目申报与实施的情况。而从项目结项合格量与验收优秀率来看，现行资助强度与作品艺术质量间不存在强烈、明显的正向相关关系。诸多优秀的舞台艺术作品的创作实践也表明，艺术一定要有成本约束，合理的成本约束反而会促使主创团队更加关注艺术本体，克服大制作、豪华包装、拼阵容规模及故事长度的习惯冲动。总之，成本约束是出高质量作品的一个非常重要的刺激因素，是考验艺术创作力与创作人员能力的"试金石"。

三是在艺术生产宏观背景下，打击不合理高价酬劳、天价舞美是大势所趋。现阶段舞台艺术作品创作生产成本中，主创人员酬劳节节攀升，在整体成本中所占比例远远超出百老汇舞台剧主创人员酬劳30%的占比数字，舞美制作成本亦出现畸高的现象。主创人员的高价酬劳、天价舞美在一定程度上压缩了大部分制作成本，干扰到舞台艺术作品的质量。舞台艺术生产力的滞后正越来越明显，作为即时消费品，它无法通过工业化复制量产与其他技术手段来有效降低成本、提升艺术生产率。在此背景下，主创人员高价酬劳、天价舞美的成本压力转嫁到艺术创作上，不利于舞台艺术的健康持续发展。

四是艺术基金的公益性属性。艺术基金是国家设立、政府主导的公益性基金，主要是弥补市场失灵、市场缺失，对市场很难有效配给资源的优秀作品创作予以支持。主要资助的主体也多为非营利的事业性单位、机构，支持创作出的艺术作品很大程度上发挥公共产品的效能。在资助管理上，更要坚持社会效益和经济效益相统一，当社会效益与经济效益相冲突时，要坚持社会效益第一的原则。这一属性决定了艺术性、社会性是主体创作和艺术基金资助的重要准则，而经营净收益最大化的压力相对较小，对成本投入的需求有更多弹性。

考虑到提高资助强度的建议主要来自利益攸关的行业内部，而且越是专业性强、外部性弱、曲高和寡的门类相关建议的客观性越弱、意见极化程度越高的特点，结合上述初步分析及我国舞台艺术发展的现实，课题组意见倾向于对各门类"大型舞台剧和作品"的资助"维持现有强度不变"。

梳理"（四）对开支类别限额标准的意见"，建议各门类"大型舞台剧和作品"的各子科目开支限额标准如表11所示。

表11　各门类"大型舞台剧和作品"子科目开支限额标准情况（单位：万元）

科目	门类	戏曲	话剧	歌剧	舞剧	音乐剧	儿童剧	杂技剧	木偶剧	皮影戏	小剧场戏剧	交响乐	民族管弦乐	曲艺中篇	曲艺长篇	跨界融合
创作费	编剧费	30	40	25	10	25	15	10	10	10	15	0	0	15	20	15
	作曲费	15	5	55	50	60	5	15	10	5	5	250	80	10	15	20
	导演费	30	30	30	55	30	20	30	10	10	15	25	15	10	10	10
	舞美设计费	55	50	60	70	65	40	55	25	15	25	0	0	20	25	60

（续表）

门类 科目		戏曲	话剧	歌剧	舞剧	音乐剧	儿童剧	杂技剧	木偶剧	皮影戏	小剧场戏剧	交响乐	民族管弦乐	曲艺中篇	曲艺长篇	跨界融合
	前期研讨费	10	10	10	10	10	10	10	10	10	10	10	10	10	10	10
制作费	舞美制作费	110	100	180	130	130	50	120	30	15	25	15	15	10	10	40
	音乐制作费	6	6	40	40	40	5	20	5	5	10	0	0	3	3	15
排练演出费	租赁费	40	40	75	80	80	40	70	25	25	30	80	60	25	30	60
	演职人员排演补贴	80	60	100	80	80	40	120	20	20	35	80	60	15	25	40
	运输费	20	20	20	20	20	15	20	10	15	10	10	10	10	10	15
	差旅费	35	40	55	55	50	30	40	8	15	20	15	15	15	15	20
	化妆费	3	3	4	4	3	3	3	0	0	3	3	3	3	3	5
	宣传费	15	10	10	10	10	10	10	8	8	10	10	10	10	15	15
	录音录像费	8	8	10	10	10	6	8	8	8	10	10	10	10	25	10
	艺术指导费	5	5	5	5	5	5	5	5	5	5	5	5	5	5	5
	后期研讨费	10	10	10	10	10	10	10	5	5	10	10	10	10	10	10

二、传播交流推广

艺术基金资助优秀艺术作品的传播，以满足新时代人民日益增长的对美好生活尤其是对精神文化生活的需要。资助范围包括舞台艺术、美术、书法、摄影、工艺美术和网络文艺（网络演出、网络音乐等）作品的展演、展览等传播交流推广活动。从形态上可以分为展览类、演出类和传统艺术形式与现代科技手段相结合的项目；从区域范围上可以分为国（境）内和国（境）外。

艺术基金对"传播交流推广"资助项目采取匹配资助的方式，是对已经确定实施的项目进行有限的陪同资助，并非全额资助，且资助资金有指定用途，不能挪作他用。不在资助范围之内的费用开支，需要申报主体自行解决。因而，对传播交流推广项目不涉及对"资助额度"的探讨。

通过对调研意见回收情况进行挖掘，对采集到的调研意见进行归纳别类，共划设出"开支类别构成""开支类别名称及范围定义""开支类别限额比重标准"等三类主要议题，并在具体议题探讨上，就调研对象对特定议题的意见分布与差别、分化加以描述、分析。

（一）对开支类别构成的意见

现行"传播交流推广"项目的资助经费开支类别结构由直接费用、间接费用、不可预测费用三部分构成，间接费用、不可预测费用经研究暂设置为不可列支，故而现无下设的子科目。直接费用下设有若干子科目，科目设置情况分别详见下面各表。

国（境）内舞台展演：在国（境）内实施的展演项目，资助经费开支范围包括场馆租赁费、运输费、差旅费、学术研讨费（研讨会费用、资料录制费、展览项目另含出版费）。

一级科目	直接费用						
子科目	场馆租赁费	运输费	差旅费			学术研讨费	
			交通费	住宿费	伙食费	研讨会费用	资料录制费
一级科目	间接费用						
一级科目	不可预测费用。						

国（境）外舞台展演：在国（境）外实施的展演项目，资助经费开支范围包括人员交通费、运输费、资料录制费。

一级科目	直接费用						
子科目	—	运输费	差旅费			学术研讨费	
			人员交通费	—	—	—	资料录制费
一级科目	间接费用						
一级科目	不可预测费用						

国（境）内展览：在国（境）内实施的展览项目，资助经费开支范围包括场馆租赁费、运输费、差旅费、学术研讨费（研讨会费用、资料录制费、与展览相关的出版费）。

一级科目	直接费用							
子科目	场馆租赁费	运输费	差旅费			学术研讨费		
			交通费	住宿费	伙食费	研讨会费用	资料录制费	与展览相关的出版费

(续表)

一级科目	间接费用					
一级科目	不可预测费用					

国（境）外展览：在国（境）外实施的展览项目，资助经费开支范围包括人员交通费、运输费、资料录制费。

一级科目	直接费用					
子科目	—	运输费	差旅费		学术研讨费	
			人员交通费	—	—	资料录制费	—
一级科目	间接费用					
一级科目	不可预测费用					

网络文艺展演、展览：对运用互联网、新媒体等现代科技手段开展传播交流推广的项目，资助经费开支范围包括软件开发费、内容制作费、差旅费。

一级科目	直接费用				
子科目	软件开发费	内容制作费	差旅费		
			交通费	住宿费	伙食费
一级科目	间接费用				
一级科目	不可预测费用				

对"传播交流推广"项目的现有开支类别构成，共回收意见4094条，其中，859个调研对象针对具体科目提出新增、合并或删减的意见3475条。为体现科目设置的互斥性、精简性原则，对同类或相近意见进行了压缩和合并，对单条意见出现频次低于10次的意见（出现频次有效百分比低于1%）进行过滤清洗。在此基础上，以无异议（不单独列出）、新增、合并或删减等四类形式进行意见排布，呈现调研对象针对"传播交流推广"资助项目开支类别构成的意见分布情况。

鉴于调研过程中，中国美术家协会、中国摄影家协会、中国民间文艺家协会、中国书法家协会一致建议统一国（境）内展览与国（境）外展览开支类别结构构成；中国戏剧家协会、中国杂技家协会、中国音乐家协会等协会一致建议统一国（境）内展演与国（境）外展演开支类别结构构成。相关协会表示，舞台类作品展演与美术类作品展览两者之间存在着开支结构上的显著差异，但国（境）内、国（境）外的实施只会影响部分科目的开支额度发生差异，却无损整体开支结构构成。在直接对各地艺术机构、单位的调研中，绝大多数调研对象对此反映强烈。因此，在接下来对开支结构的描述中将主要以舞台展演、展览、网络文艺作为划分依据，而不再考虑其是否在国（境）内、国（境）外实施。此外，为条缕分明、完整而不零散地阐述相关调研成果，需要对关联意见、同类问题进行合并，并做了同色块突出处理，对累计有效意见出现频次百分比接近或超过50%，即出现频次超过"无异议"频次的有效意见进行分条描述。

1. 对"舞台展演"项目开支科目进行调整

表12 "舞台展演"项目开支科目调整情况

层次	意见类型	协会调研			直接调研		
		意见	频次	有效百分比	意见	频次	有效百分比
一级科目	合并类别	—	—	—	—	—	—
	删减类别	—	—	—	—	—	—
	新增类别	—	—	—	—	—	—
子科目	合并类别	—	—	—	—	—	—
	删减类别	—	—	—	—	—	—
	新增类别	前期准备杂费	56	13.43%			
		排练费	120	28.78%			
		演出费（含演职人员劳务费）	120	28.78%	演出费	193	46.28%
		宣传费	289	69.30%	宣传费	107	25.66%

表12呈现出对"舞台展演"类传播交流推广资助项目相关调研意见的分布情况，共有417个调研对象针对具体科目提出新增科目的意见，对累计有效意见出现频次百分比接近或超过50%的有效意见进行分条描述。

1.1 新增设立"演出费（含演职人员劳务费）"

现行舞台演出类"传播交流推广"项目的资助经费开支范围中，并未设立任何科目对演职人员在巡演过程中的劳动进行补贴支持。调研结果显示，中国戏剧家协会、中国杂技家协会等协会提出在"直接费用"中设立新的子科目"演出费（含演职人员劳务费）"。该意见出现频次为120次，有效百分比为28.78%。

在对艺术机构、单位的直接调研中，云南富宁县民族文化工作队、海南民族歌舞团、广西戏剧院、上海爱乐乐团、天津人民艺术剧院、青岛市歌舞剧院、西藏自治区话剧团、黑龙江省歌舞剧院等不同地域、层级、体制机制的机构、单位表示，应当设立"演出费"科目对演职人员劳动价值予以体现。该意见出现频次为193次，有效百分比为46.28%。通过对上述关联意见进行合并，对设立演职人员演出费的科目调整意见，累计有效百分比为75.06%。经过对关联调研意见进行整合，列明支持理由如下。

一是演职人员是巡演活动的承担主体。总结近五年演出类传播交流推广项目的实施经验，结合当前专业演出市场仍处于培育期的实际情况，资助项目在实施中，演员是包括导演、编剧、形体编导艺术在内的各种综合艺术手段的主要体现者，各种综合艺术手段只有通过演员、依靠演员、辅助演职人员才能发挥自己独特的艺术作用。演员排练、演出作为巡演的主要环节，演职人员在舞台上呈现复杂的体力与创造性劳动，需要给予一定的经费支持。目前，在大型舞台剧和作品的开支范围中，已将排练劳务费纳入，调研对象也普遍认同开设对相应演出中演职人员劳动予以支持的科目。但在传播交流推广活动中，舞台作品已经形成较为完整稳定的样态，绝大多数的劳动重心由创作者转移到表演者，但演职人员的劳动价值在现有情况下无法体现。

二是演出补贴在演职人员薪酬结构内占据重心。随着文化体制改革的进一步深化，经营性文化事业单位转企改制的步伐正在加快，国有艺术表演院团体制改革已是大势所趋。转企后，院团演出机制盘活，演出场次增多。演员的工资一般分为两部分：一是基本工资，二是根据演出场次取得的绩效工资。根据调研结果显示，省级院团四级演员到一级演员，月基本工资在1000元—5000元之间。各地因市场状况不同，收入情况也有些差异。许多县（市）级院团及中小型民营院团的演员，月基本工资只有几百元的并不鲜见。在基础工资之外，演员主要根据场次获得演出补贴，这是其薪资收入的重要构成部分。例如，广西杂技团有限责任公司，其四级演员基本工资为1200元，根据平均演出业务量，每月实发薪资3500余元，演出补助占总收入的近2/3。

三是市场化的项目制演员群体逐渐在演出活动中担纲主力。随着专业演出市场的不断培育，项目制演员在整体项目团队中的比重不断增加。调研结果显示，非专业院团的机构、单位所实施的项目中，项目制演员数量平均比重为20%。部分受自身体制、能力等因素约束的项目，比重更为突出。例如，已承担上百场坡芽情歌合唱演出任务的坡芽合唱团，团员共24人，其中，仅20%的人员来自富宁县当地的民族文化工作队，其他的团员大多为传承人、当地农民。在一些中西部省区，院团自有固定演员相对较少，许多剧目的创排演环节不可避免地需要外部艺术力量的支持，呈现出外向型的发展，这尤其体现在对项目制演员的依赖和需求上。例如，西安儿童艺术剧院，作为全国成立最早的四个儿童剧院之一,一线演员比例不到院团在职人员的13%,一部剧目的排演活动,30人的剧组中有将近2/3的演员需要从外部聘用。演出补贴作为项目制演出人员的主要收入,自然不能按照院团薪酬管理办法规定发放,而要相对偏高一些。这些项目制演员多为自由职业者,根据最新一项对教育部直属艺术院校往届毕业生就业情况的调研来看,有近1/3的毕业生选择成为自由职业者,这一比例会不断增长。这些自由职业者,以雇佣劳动为主,缺少国有艺术院团内演艺人员的各种福利、待遇等社会保障,收入基本来源于承接一些项目制活动,演出补助在其薪酬结构内占绝对主导地位。

四是艺术机构、单位受体制机制限制,经费自给率较差。随着财政体制改革的深入和公共财政体系的确立,各级财政部门以定性为主、定量为辅为原则,根据文化单位"公益性""准公益性"和"经营性"的不同性质,同时考虑组织收入的条件和能力,将文化部门分成了三类,分别确定不同的财政支出政策。

第一类是财政基本保证单位(公益一类)。主要包括图书馆、博物馆、纪念馆、传承研究中心、提供义务教育服务的学校等。如玉溪滇剧(国家非物质文化遗产)传承保护展演中心、南宁艺术研究院、株洲市戏剧传承中心等。这些单位为社会提供公益服务且没有收入或收入较少,财政对其所需必要经费给予保证。同时,要求其充分利用所占有的资源,合理组织收入,用于事业发展。

第二类是财政经常性补助单位(公益二类)。主要包括极少数代表国家水平的艺术表演团体、群艺馆、文化馆（站）、广播电台、高等院校等。如贵州省黔剧院、南京艺术学院等。这些单位一般具有较大的公益性，同时具有组织收入的条件和能力，财政适当给予经常性补助。

第三类是经费自理单位。主要包括一般性艺术表演团体、剧场（院）、电视台、展览馆、美术馆等。如南宁艺术剧院等。这些单位虽然有一定的公益性，但更多的是有经营性，可通过开展经营服务活动取得收入，维持正常运转支出。

从事艺术基金展演类传播交流推广项目，在专业演出市场上较为活跃的，多为公益二类单位，其中，又以院团居多。在旧有计划经济体制下，院团完全依靠财政拨款开展艺术活动。财政对院团投入长期不足，造成院团演出设施陈旧、演出场地缺失，艺术生产资金严重缺乏，优秀艺术人才流失严重，使得大多数院团面对生产经营时力不从心，且长期依赖财政补助，经费自给率较差。从企业经营的角度来看，大多数院团连简单再生产都无法保障，一直处于萎缩再生产甚至不生产的地步，没有结余，没有积累，不能进行扩大再生产。如转企初期的广西杂技团有限责任公司，人均资本不足3万元，团总资本仅为100多万元。如今，仍需财政每年补助资金290余万元，主要用于"五险一金"补贴。2015—2017年度，广西杂技团用于艺术创作生产的经费支出为319.3万元，国家艺术基金的资助资金为300万元，主要用于本单位艺术创作，占比高达94%。再如，广西壮族自治区戏剧院自2012年成立以来，年度部门预算内没有创作经费，首先是依靠国家艺术基金支持，其次是自治区宣传部的精品创作经费，最后是自治区文化厅的重点剧目创作经费支持。从对中西部部分省（区）机构、单位调研情况来看，2014—2017年度，国家艺术基金资助各类机构、单位的资金总量占相关机构、单位三年收入总额的比重均值普遍较高，尤其在对转企改制院团、民营企业的资助力度上，占院团企业三年收入总额的比重普遍高于5%。在河南省，河南豫剧院，艺术基金资助占其三年总收入的9.68%；河南演艺集团，占比达5.17%；河南安阳县邺丰豫剧演艺有限公司，占比达12.8%。在陕西省，西安市豫剧团有限责任公司，占比为5.74%；陕西人民艺术剧院有限责任公司，占比达13%；陕西省周至县剧团，占比高达20%。上述数据，一方面反映出，艺术基金正实际成为艺术领域内的最为核心的支持渠道之一，资助的重要地位逐步凸显，在一定程度上扭转部分改制院团、市县级院团在消费市场培育程度不足的情况下，资金、创作、人才、作品上流散的窘境，使基层院团单位有保障、有活力，也进一步提振势气，凝聚起分散的院团一线创作力量，确保其伏下身来潜心于创作、演出等活动；另一方面，也从侧面反映了地方院团在艺术创作生产上无经费保障的生存窘境。

五是设立演出补贴将有效引导院团内部管理机制改革走向深化。从院团经营角度来看，经营性收入占总体收入的40%左右。但部分省份，对院团改革推进的保障性政策制定工作仍迁延难行，院团仍归属事业单位序列，相关收入被财政认定为提供公益服务取得的事业性收入，需要上缴国库或财政专户，纳入财政预算统筹安排，院团经营性收入的自由支配权有限。艺术基金增设相应的经费支持科目，将极大地激励演职人员的工作积极性，更好地确保项目高质量、高水准完成。但对于开设"演出补助"后，院团单位不一定有权限自行支取并用于演职人员激励的疑虑，调研情况也有所反映。继上海市出台新规打破院团人员收入"天花板"后，山东省文化厅、中共山东省委宣传部等五个部门在2018年3月印发了《关于省直国有专业艺术院团内部管理机制改革的实施意见》（鲁文艺〔2018〕8号），明确"人员绩效工资和奖励性绩效工资，由艺术院团按照有关规定自主搞活分配。允许院团提取一定比例的演出收入用于内部激励，向演出一线、专业技术骨干和艰苦环境倾斜"。四川、重庆等省市事业单位表示，单位每年预算中人员绩效工资只作用于当年度工作计划内人员演出补贴，设立"演出补助"科目，单位可在执行中采取部门年度预算或事后申报追加当年度绩效额度的形式，重庆市还有"超额绩效"动态调整机制[1]，相关单位、机构完全可以自行支取使用相应的费用。相应规定的出台，既为增设"演出补助"提供了一定的依据，也为该科目进入地方落地实施

---

[1] 依据《重庆市人民政府办公厅关于完善事业单位绩效工资政策的通知》（渝府办发〔2017〕168号），建立超额绩效动态调整机制，采取分类分档的方式调控超额绩效，对创新创造、成果转化、社会服务等业绩突出的事业单位等给予适当倾斜。

扫除了屏障。而对于其他省份，相关属于事业序列的院团单位也表示艺术基金可先行开设相应科目，作为政策性导向，随着各地区开展国有文艺院团"一团一策"改革，院团内部管理机制改革的不断深化，打破绩效工资总额管理"天花板"的趋势不可逆转。对于已经转企改制的院团，作为独立核算的企业单位，完全有权限自行支取该部分费用，艺术基金的先行调整政策最终将普遍性地适用于各类机构、单位。鉴于此，建议明确对舞台演出类传播交流推广项目设立演职人员演出补贴费用。

1.2 新增设立"宣传费"

现行所有类型的传播交流推广项目资助经费开支范围中，并未设立任何科目对宣传活动进行支持。调研结果显示，中国戏剧家协会、中国音乐家协会、中国民间文艺家协会等协会提出在"直接费用"中设立新的子科目"宣传费"。该意见出现频次为289次，有效百分比为69.3%。在对艺术机构、单位的直接调研中，广东歌舞剧院、广州大剧院、陕西省人民艺术剧院、河南百纳星空文化传播有限公司等不同地域、层级、体制机制的机构、单位表示，应当设立"宣传费"科目。该意见出现频次为107次，有效百分比为25.66%。通过对上述关联意见进行合并，对设立宣传费的科目调整意见，累计有效百分比为94.96%。经过对关联调研意见进行整合，列明支持理由如下。

一是宣传是推动艺术本体"走出去"的核心活动。传播交流推广资助项目的核心目的是要推动优质艺术活动"走出去"，资助所体现的匹配性，应该是对发生在"走出去"过程中直接相关活动的费用支持。所以，"走出去"之前对剧目作品、展览展品的"前期加工修改"，"走出去"之后发生的研讨与后续打磨活动支出，原则上基金可以不予以支持，由项目承担主体自筹投入。但宣传是发生在"走出去"过程中，无时无刻不在发挥作用，推动展览、演出活动到达受众的主要活动形式与直接手段，对宣传活动予以经费支持，应纳入该类项目匹配资助的支持范畴。上海交响乐团、青岛市歌舞剧院、朵云轩艺术发展有限公司等单位指出，传播交流推广资助项目的完整成本开支包括三部分：第一部分为"节目制作加工成本"，约占成本比重为50%；第二部分为"主办运作成本"，包括场馆租赁、差旅开支等；第三部分为"宣传成本"，开支比重在25%左右。从成本结构上可见宣传活动在整体项目实施中的重要地位。

二是宣传是提升项目综合效益的重要手段。宣传性与传播力是艺术作品的生命，只有宣传推广才有影响力，艺术才能得到长足发展。传播交流推广项目设置的本意，就是通过市场调节之外的资源配置手段，推动艺术实现有效传播。该类项目支持的展演、展览活动，同样具有艺术的复杂性、不可完全预知性、可变性与易逝性的特点。这些特点决定了相关艺术活动的宣传推广如果不能有效促进消费需求，将其引入大众日常消费体系，将在艺术本身的复杂波动变化中逐渐消泯生命力。因而，宣传是艺术实现有效传播的必要手段，其强度与广度与艺术活动最终的受众到达结果，与最终的社会效益、经济效益也往往呈现正向相关的联系。一方面，作为一种直接手段，宣传对扩大项目本身影响辐射，提升项目的传播速度与受众到达率，发挥出更大的社会效益有重要意义。尤其对运用互联网、新媒体开展传播交流推广的项目而言，互联网营销宣传手段在内容渠道分发、受众群体探知到达与转化上有显著效果。例如，广东歌舞剧院组织的舞剧《沙湾往事》赴香港演出活动中，在香港特区政府新闻网、康文署、庆典办等官网，以及香港《文汇报》、香港《大公报》、《香港商报》等媒体上提前半年宣传预热，演出海报进入港铁车厢与大街小巷。《沙湾往事》在香港连演三场，覆盖观众5000余人次，上座率都在97%以上，基本实现了进主流媒体、进大众视野。另一方面，对某些对接商业展演渠道，进入大众日常文化消费的项目，宣传营销尤其是新媒体营销将作为有力的提振消费举措，极大地触发了项目经济效益的彰显。

三是宣传资源往往难以依靠主体自主落实。根据随机抽样统计，约有近80%的基金资助的传播交流推广项目，在项目初始申报的经费预算表内，明确列出有宣传开支计划。未明确列出的，也基本在后期实际发生宣传时支出。通过对以往年度资助项目的财务结项验收，项目将部分科目的经费实际调剂腾挪用于项目宣传使用的，亦不鲜见。这一结果与宣传资源难以由主体自主落实的客观情况有关，在国（境）外实施的展演和展览项目上，体现得更为明显。对该类项目，为提升项目主体独立运营能力,鼓励项目主体与非自营的剧院加强沟通合作,自行解决场馆、落地接待等资源问题。在五个年度资助项目实施中,课题组发现,大多数主体较好地引入了上述资源的对接与投入,但在媒体宣传资源引入上就相对困难。一方面是由于语言文化环境的客观差异;另一方面,国(境)外媒体商业属性更强,对异质文化艺术作品的宣传推介积极性不高,且对我国文艺展演活动抱有意识形态上的天然警惕性,进主流媒体难度较大。因此,许多艺术项目在"走出去"时,往往需要外部力量的介入,帮助其对接当地宣传资源。例如,广东歌舞剧院组织的舞剧《沙湾往事》赴香港演出活动中,在香港康文署与香港文化中心的支持下,在演出剧场、落地接待上落实了较好的资源。而演出的媒体宣传推广,因基金未明确支持,成为歌舞剧院最为担心、也最难以依靠自身落实资源的环节。最终,经过多次委托广东省文化厅与香港康文署多次对接,由康文署具体落实。

四是市场化专业运营是项目组织宣传的发展趋势。从目前的宣传模式来看,一部分艺术机构、单位采用的是自营的模式,它们的剧目、展览从创意、理念到最终呈现,在自有系统中完成内容生产、制作、宣传、演(展)出及收集观众反馈意见并进行修改。但从调研情况来看,越来越多的艺术机构、单位采用专业市场运营团队管理的形式,依靠探知专业化的市场消费需求完成剧目、展览内容渠道的分发,完成精准的受众群体覆盖。例如,陕西省人民艺术剧院创排的话剧《平凡的世界》,在确定戏剧样式后便开始运营招标，最终以类似电影"保底发行"的方式与影视项目运营公司青影同创签订合同，由其负责演出经纪与剧目运营，如开发话剧《平凡的世界》院线级纪录片，与优酷、爱奇艺等互联网视频平台推出"百场纪念"等系列活动并进行线上播映，以此递推剧目，并运用大数据采集、挖掘等方式方法与潜在观众产生黏性、建立联系，整体运营成本由后期发行、演出、衍生品开发收入分成确定。此种运营模式建立在人IP、制作精良的基础上，很难批量复制。因此，在整体格局下，自营模式仍占据主流位置，但这并非完全是艺术机构、单位自主化的选择，而是自有资金资源周转不足，除在艺术本体上的投入之外，很难再谋求专业运营服务对剧目、展览项目进行精准匹配。如南充市非遗保护中心、成都市川剧研究院等单位表示，单位每年财政预算内的宣传费只能解决一些日常宣传费用，针对大型剧目的宣传报道及运营推介等活动，基本鉴于资金紧张而无力运行。

2. 对"展览"项目开支科目进行调整

表13 "展览"项目开支科目调整情况

层次	意见类型	协会调研 意见	频次	有效百分比	直接调研 意见	频次	有效百分比
一级科目	合并类别	—	—	—	—	—	—
	删减类别	—	—	—	—	—	—
	新增类别	—	—	—	—	—	—
子科目	合并类别	—	—	—	—	—	—
	删减类别	—	—	—	—	—	—
	新增类别	借展费	60	20.48%	展品借展费	43	14.68%
		策展费	221	75.43%	策展费	65	22.18%
		开幕式及布(撤)展	127	43.34%	布(撤)展费	66	22.53%
		工作人员劳务费	5	1.71%	展出补助	63	21.50%
		媒体宣传推广发布费用	156	53.24%	宣传费	66	22.53%
		出版费	80	27.30%	—	—	—
		文创产品费	67	22.87%	衍生品设计制作费	21	7.17%
		广告设计制作实施费	67	22.87%	—	—	—
		专家评审费、作品评审费	72	24.57%	专家评审经费	19	6.48%
		公共教育费	67	22.87%	—	—	—
		作品装裱、洗印费	147	50.17%	装裱费	34	11.60%
		艺术家驻地创作经费	67	22.87%	—	—	—
		作品材料费	5	1.71%	—	—	—
		展示设计制作费	87	29.69%	—	—	—
		场地租用及搭建费	143	48.81%	导引讲解人员费用	13	4.44%
		作品保险费	84	28.67%	运输保险费	17	5.80%
		行政管理经费	67	22.87%	—	—	—

表13呈现出对"展览"类传播交流推广资助项目相关调研意见的分布情况，共有293个调研对象针对具体科目提出新增科目的意见，对累计有效意见出现频次百分比接近或超过50%的有效意见进行分条描述。

2.1 新增设立"策展费""布（撤）展费"

调研结果显示，中国美术家协会、中国书法家协会、中国摄影家协会等协会提出在"直接费用"中设立新的子科目"策展费""布（撤）展费"。该意见出现频次分别为221次、127次，有效百分比分别为75.43%、43.34%。在对艺术机构、单位的直接调研中，中国美术学院、陕西水墨长安文化艺术有限公司、北京民生现代美术馆等不同地域、层级、体制机制的机构、单位表示，应当设立相关科目对策展、布（撤）展活动予以支持。该意见出现频次分别为65次、66次，有效百分比分别为22.18%、22.53%。通过对上述关联意见进行合并，对设立策展费的科目调整意见，累计有效百分比为97.61%；对设立布（撤）展费的科目调整意见，累计有效百分比为65.87%。经过对关联调研意见进行整合，列明支持理由如下。

一是策展、布（撤）展是巡展的核心组成部分。策展是对整体展览项目的构思、统筹与管理活动，重点支持展览的整体展陈设计；布（撤）展则指在布（撤）展期间，进行展品、辅助展品的布置与陈列，展柜、展具、灯光器材等辅助设备的安装、拆卸与整修等工作。可以说，策展、布（撤）展是展览活动的前提和基础，是正常展览活动不可分割的一部分，也是一项复杂的系统性工作。专业展览策展和布（撤）展是展览艺术发展到一定阶段的必然产物，是实现展品美学功能和艺术价值的主要载体，是判断陈列布展整体活动成功与否的关键。以北京民生现代美术馆为例，其承办的年度巡展，一般自展览主题确定后，需进行展览策划，并上报馆领导，由馆领导负责对展览进行最后审定。经核准举办的展览由研究部门将展览线路、展品清单及图录提供给陈列与设计部门进行展览的陈列设计与制作，布展人员还需为巡展确定展厅，并协助完成展览的说明、展览图录的编辑等工作，完成展览合作方式、展品的担保方式，并统筹展品、展具设备等的现场布置与闭展后的拆卸复原等，这些工作构成了巡展工作的主体部分。

二是策展、布（撤）展是复杂且要求高的工作。策展的核心是陈列的形式设计，即运用艺术手段，把文物、展品、图片、文字、数据及其他辅助展品，根据陈列场所的客观实际，按照陈列主题、科学高效的组织结合，对观众进行信息传播。而展览呈现的最终样式受展品形态、展品数量、展览主题、展览空间、观展人员、支持资金等多种复杂因素影响，不同因素排列组合下对整体的布（撤）展工作有较高的要求。例如，书画类作品属于架上展品，在材质、技法、肌理、色彩等方面的运用千差万别，是依赖于视觉来创造、感受和欣赏的艺术，除了具有"应物象形"的造型性和瞬间性、静止性、永固性外，还具有传承审美、传递价值的特点。这也是绘画作品在灯光、装裱、展览场地等布展环节具有特殊要求的原因。工艺类作品，大多为放置型展品，因材质、重量、器物造型差异很大，最终呈现形式和要求也不尽相同。一些玻璃材质、陶瓷、文物展览，出于展品材质及保存环境的要求，对布（撤）展的专业要求较高。总而言之，策展、布（撤）展一般需要兼顾到工艺美术作品美学与功能的两个方向，要通盘考虑空间摆放、灯光设计、资料陈列，不光要体现展品的"工有巧，材有美"，还需体现其时代背景与艺术旨趣。

三是策展、布（撤）展工作很难完全由主体自行完成。有展览业务的相关调研单位普遍表示，作为中小型美术馆、博物馆，受馆藏资源限制，以及辐射面积局限性，在布（撤）展的经验与能力上相对欠缺，有的甚至没有自己的布展设计部门与专职策展人。比如，北京杏坛文化传播有限公司，其在职人员仅5人，专业布展团队很大程度上依靠外请。再如，陕西水墨长安文化艺术有限公司承担的项目"'丰碑大碣'历代金石拓本展"，展品形态多样、品类不一，大到碑林石刻、小到拓本书帖，共计三千余件，是迄今为止，金石类作品展中展品数量之最。这对展览布置、空间布排、灯光设计、导览过渡都有较高的需求，需要聘请专业策展人进行统筹安排。在通常情况下，地方美术馆、博物馆作为公益一类事业单位，由财政全额补助，缺乏其他资金融通渠道。年度展览运作资金是极为有限的，不管自己独立筹办还是联办，都需要经费支持，用于展览前期的布展策划，展览期间的维护和撤展时支出。此外专业展览活动的宣传运营都需要相应的资金支持，完全依靠财政拨款难以维持其良性循环。据调研情况显示，布（撤）展活动开支在整个展览项目中基本占总开支的25％左右，占比颇重。增设相关科目，支持展览项目向重策展设计、重科学研究方向发展，可较好地体现艺术基金资助的导向性与引领作用。

2.2　新增设立"展出补助"

调研结果显示，中国美术家协会、中国书法家协会等协会提出在"直接费用"中设立新的子科目"工作人员劳务费""场地搭建费"。该意见出现频次分别为5次、143次，有效百分比分别为1.71％、48.81％。在对艺术机构、单位的直接调研中，四川美术学院、西南民族大学、新疆维吾尔自治区龟兹研究院等不同地域、层级、体制机制的机构、单位表示，应当设立相关科目对展陈布置等展览辅助工作人员劳动予以经费支持，提出增设"展出补助""导引讲解人员费用"。该意见出现频次分别为63次、13次，有效百分比分别为21.50％、4.44％。通过对上述关联意见进行合并，对设立展览辅助工作人员劳务费的科目调整意见，累计有效百分比为76.46％。

相关单位指出，在展览环节，除开布（撤）展工作所需的展柜装置、灯光设备的安装拆卸的专业人员或民工费外，还有部分专业现场的导览讲解人员，整理作品、保管、登记、会议接待的工作人员等展览辅助人员的费用。尤其是一些展陈作品较多、展期较长、学术性价值较高的展览，往往所需的导览讲解等展览辅助人员较多。鉴于此，建议增设"展出补助"科目，对展陈辅助工作人员实行奖励，充分体现公平合理、多劳多得的分配原则。

2.3 新增设立"作品装裱、洗印费"

调研结果显示，中国美术家协会、中国书法家协会、中国摄影家协会等协会提出在"直接费用"中设立新的子科目"作品装裱、洗印费"。该意见出现频次为147次，有效百分比为50.17%。在对艺术机构、单位的直接调研中，江苏省美术馆、南京艺术学院、西藏文化发展促进会等不同地域、层级、体制机制的机构、单位表示，应当设立相关科目对展陈作品的展陈设计和装裱制作给予经费支持，提出增设"装裱费"。该意见出现频次为34次，有效百分比为11.60%。通过对上述关联意见进行合并，对设立展品展陈设计装裱费的科目调整意见，累计有效百分比为61.77%。

调研对象也指出，现行的展览类传播交流推广项目，针对的是对创作完成作品的展览，相关创作费用可以不予包含，但相关作品征集后到实地展陈中间发生的展品制作费用不可忽略。展品群体的陈列效果如何，与陈列中的制作装裱工艺质量有着密切联系。如陈列中墙壁、展板、屏风等设备以及书画、照片、前言等，经过整洁、精美的装裱可形成特有的艺术效果，并与实物陈列展品相呼应,从而对观众产生积极的影响,激起他们浓厚的视觉兴趣。因此,传统的装裱工艺不仅仅关系到书画作品的存亡,对于筹办各种类型的展览,也具有非常重要的作用,是展览工作不可缺少的有机组成部分。鉴于此,建议增设"展品制作(装裱、洗印)费"科目,对展品征集到具体展陈期间发生的制作、装裱(架上书画类作品)、洗印翻印(摄影作品)费用予以支持。

2.4 新增设立"宣传费"

调研结果显示,中国美术家协会、中国书法家协会、中国摄影家协会、中国民间文艺家协会等协会提出在"直接费用"中设立新的子科目"媒体宣传推广发布费用"。该意见出现频次为156次,有效百分比为53.24%。在对艺术机构、单位的直接调研中,山西省工艺美术协会、鲁迅美术学院、新疆军垦博物馆等不同地域、层级、体制机制的机构、单位表示,应当设立宣传活动支持科目。该意见出现频次为66次,有效百分比为22.53%。通过对上述关联意见进行合并,对设立宣传费的科目调整意见,累计有效百分比为75.77%。关于设立宣传费的理由已在"1.1.2新增设立'宣传费'"部分有充分论述,此处不再赘述。

3. 对"网络文艺"项目开支科目进行调整

表14 "网络文艺"项目开支科目调整情况

层次	意见类型	协会调研 意见	频次	有效百分比	直接调研 意见	频次	有效百分比
一级科目	合并类别	—	—	—	—	—	—
	删减类别	—	—	—	—	—	—
	新增类别	—	—	—	—	—	—
子科目	合并类别	—	—	—	—	—	—
	删减类别	—	—	—	—	—	—
	新增类别	专家论证费	40	26.85%	—	—	—
		硬件购置费	40	26.85%	设备租赁费	19	12.75%
		版权费	40	26.85%	版权取得费	11	7.38%
		场地费	41	27.52%	—	—	—
		宣传推广及维护费	77	51.68%	宣传费	24	16.11%
		—	—	—	运营推广及维护费	15	10.07%
		临时人员劳务费	71	47.65%	—	—	—
		办公费	40	26.85%	—	—	—

表14呈现出对"网络文艺"传播交流推广项目相关调研意见的分布情况，共有149个调研对象针对具体科目提出新增科目的意见，对累计有效意见出现频次百分比接近或超过50%的有效意见进行分条描述。

3.1 新增设立"运营推广及维护费"

调研结果显示，中国美术家协会、中国曲艺家协会、中国音乐家协会等协会提出在"直接费用"中设立新的子科目"宣传推广及维护费"。该意见出现频次为77次，有效百分比为

51.68%。在对艺术机构、单位的直接调研中，石河子大学、乌鲁木齐一心悦读文化科技有限公司、深圳永兴元科技公司、吉林省中外文化交流中心等不同地域、层级、体制机制的机构、单位表示，应当给予对项目宣传以及平台软件运营推广及维护活动的支持，建议设立"宣传费""运营推广及维护费"。该意见出现频次分别为24次、15次，有效百分比分别为16.11%、10.07%。通过对上述关联意见进行合并，对设立宣传运营推广及维护费的科目调整意见，累计有效百分比为77.86%。

关于设立宣传费的理由已在"1.1.2新增设立'宣传费'"部分有充分的论述。针对运用互联网和新媒体技术手段开展的传播交流推广活动，中国曲艺家协会指出，推广是整个项目活动的重中之重。数字软件开发平台的搭建可以通过阶段性的投入获得，内容制作也可以通过有效的资金投入解决，但是关键在于要让大众知道软件，知道软件平台所承载的内容，这就需要专业而有效的推广。现今在数字化、影像化的消费环境下，火山小视频、微视、抖音等软件平台内容质量普遍不高，甚至有的恶俗、低俗，但集聚起的粉丝众多，这恰恰说明运营推广在软件平台发展壮大的决定性作用。大众需要新媒体、自媒体，因为现代人的时间、阅读习惯呈现碎片化的状态。这些微视频软件、有声读物平台，甚至娱乐新闻终端，抓住这种趋势，进而攫取大量粉丝关注。观众需要引导，艺术作品的传播既要有能承载其内容的技术平台，也要有现代的符合新媒体推广的手段。建议在开支结构上,将新媒体平台的运营推广提上与平台开发以及内容制作同等的高度来看待。乌鲁木齐一心悦读文化科技有限公司、深圳永兴元科技公司、吉林省中外文化交流中心等艺术机构、单位也从软件运营角度出发,表示开设"运营推广及维护费"能较好地发挥导向与激励作用,推动艺术机构完善艺术活动链条、补足运营短板,让艺术与科技充分融合,在传播中彰显更为广阔的社会影响。

(二)对开支类别名称及范围定义的意见

针对传播交流推广资助项目的现有开支类别名称及范围定义,共回收意见3239条,其中,859个调研对象针对具体科目名称及范围定义提出具体调整意见807条。对同类或相近意见进行了压缩和合并,对单条意见出现频次低于10次的意见(出现频次有效百分比低于1%)进行过滤,所形成的意见汇总整理情况如表15所示。

表15 传播交流推广资助项目开支类别名称及范围定义意见汇总情况

类别	开支类别	协会调研			直接调研		
		意见	频次	有效百分比	意见	频次	有效百分比
展演类	场馆租赁费	含演出设备租赁及配套服务费	116	27.82%	演出补助	104	24.94%
展览类	场馆租赁费	含展览设计、布(撤)展劳务、搭建服务费	143	48.81%	展出补助	66	22.53%

（续表）

类别	开支类别	协会调研			直接调研		
		意见	频次	有效百分比	意见	频次	有效百分比
	运输费	含运输保险费	121	41.30%	含作品保险费	55	18.77%
	资料录制费	资料采录费	64	21.84%	含资料使用和版权费用	43	14.68%
网络文艺类	软件开发费	技术服务费	60	40.27%	开发运营及维护费	19	12.75%

对表15中针对具体开支类别名称及范围定义议题上所有意见，通过无异议（不单独列出）、调整两类形式进行意见排布。对累计有效意见出现频次百分比接近或超过50%，即出现频次超过"无异议"频次的有效意见进行分条描述。

1. 调整"场馆租赁费"

1.1 展演类调整为"演出补助"

调研结果显示，中国杂技家协会等提出"场馆租赁费"，除纯粹的剧场租用外，还应包含演出设备租赁及剧院配套服务费用。该意见出现频次为116次，有效百分比为27.82%。在对艺术机构、单位的直接调研中，成都市川剧研究院、天津评剧院、河北省杂技团、日照市艺术剧院、保定艺术剧院、潍坊艺术剧院等不同地域、层级、体制机制的机构、单位表示，应调整"场馆租赁费"为"演出补助"科目，含对场馆租赁及运营宣传等其他配套服务的补助以及对演职人员演出活动的补贴。该意见出现频次为104次，有效百分比为24.94%。通过对上述关联意见进行合并，对场馆租赁费的名称及范围定义调整意见，累计有效百分比为52.76%。

"演出补助"科目在吸收原有的"场馆租赁费"的基础上，还包含两部分新内容：一是对场馆运营宣传等其他配套服务的补助，二是对演职人员演出活动的补贴。演职人员演出补贴已在"1.1.1 新增设立'演职人员演出补贴'"部分有过论述，现有关单位建议将其纳入"演出补助"科目，是遵循科目大类设置、统一管理的原则，是以合并调整代替新设科目，是相对优化的操作。本部分不对演职人员演出补贴再作赘述，仅对新增场馆运营宣传等其他配套服务的补助这一方面进行补充论述。理由分别如下。

一是运营宣传是剧院场馆的基础业务组成部分。剧院场馆是具有特殊功能的机构，既是我国公益性文化设施的重要组成部分，承担着展演文艺创作精品、丰富群众文化生活的重要职能，也是商业化运作的市场经营性主体，通过场地出租（租场）、剧目资源引进、院线资源调配、演出经纪、宣发运营等服务获取收益。传统业务模式下，租场业务占据绝对比重，根据原文化部2017年发布的《文化发展统计公报》显示，专业剧场的租场业务收入仍高达42.12%。《文化发展统计公报》也反映了剧场经营管理的新的发展趋势，据统计，剧场自营演出的场次和收入都逐年上升，出租场地演出的场次和收入均下降，降幅接近5%。自营演出场次的比例跃升至48.35%，收入比例跃升至34.18%，与租场业务差距进一步缩小[1]。自营演出比例的提高说明剧场管

---

[1]《中华人民共和国文化和旅游部2017年文化发展统计公报》，引用浏览时间：2018年6月1日，http://zwgk.mct.gov.cn/auto255/201805/t20180531_833078.html。

理逐步摆脱出租场地的低水平管理模式,许多剧院场馆通过策划演出季、打造品牌展演活动、参与剧目运营宣发等方式优化剧场业态结构,提升演出运营水平,形成了自己的经营特色和演出品牌。如保利剧院管理有限公司,近年来在票务代理、演出组织、项目地接和宣传营销等上综合发力,逐步由单一的靠租场、票房收入盈利向多点盈利发展;天津大剧院通过举办曹禺国际戏剧节以汇集国内外高水准的戏剧演出而备受关注;南京江南剧院通过"零场租、大宣传、零赠票"运营策略,完全脱离了演艺集团补助,剧院收入却从2011年的不足100万元,到2017年增长至500万元。而根据调研,主体反映部分基层剧场在发展方向上却与这一大趋势背道而驰,业务发展日渐单一化,单纯以租场营收,甚至抱有"一年不开张,开张吃一年"的谋利心态,设置高昂的场地租赁费用,欠缺合理规划与剧目经营手段,沦为纯粹意义上的"场地出租商"。从长远来看,不仅限制了剧院场馆的业态结构升级优化,而且客观上加重了文艺团体的演出负担,不利于整体文艺演出行业健康生态的构建。

二是运营宣传工作往往难以由主体独立完成。艺术活动是文化消费市场中价值实现的主体,不真正具备市场价值的文艺产品,体现在经营管理上就只能是货币价值的耗费贬损。从艺术活动的具体消费实践来看,媒体宣传、制作方广告、舆论评价等是消费者最主要的消费选择依据。因而,宣传推广是艺术实现有效传播的必要手段,其功用的体现就是最大限度地促进消费需求，将艺术活动、文艺作品引入大众日常消费体系，而其强度与广度与艺术活动最终的受众到达结果也往往呈现正向相关的联系。如湖南省歌剧舞剧院结合民族舞剧《桃花源记》巡演项目表示，在目前项目巡演过程中，与演出剧场加大对剧目的宣传推广工作，依靠商业化新媒体营销推广运作和市场调控等手段，演出上座率较无宣传或单一渠道宣传有近30%的提升。尤其在重庆站，除与《重庆日报》、重庆电视台合作外，还通过与重庆大剧院、桃花源景区以及当地生活类服务公众号、地区微博大V意见领袖等合作，推出"桃花源"在线场景营销与口碑宣传，演出期间场场上座率都接近100%，连工作席都不得不卖出应急，以满足观众的强烈消费需求。这一例证，也充分说明，单纯依靠演出主体自身很难完成这些宣传活动，需要与更熟悉当地资源的剧院场馆合作才能达成，这对国（境）外实施的展演和展览项目来说，也更为迫切。

三是因基金开支范围限制，剧场提供运营宣传服务主动性不高。按基金现行的开支范围设置，"场馆租赁费"只包含单一的场租开支。而租场演出时，部分剧场通常只收取场租，剧目票房收入通常与其无关，剧目运营宣传不到位，也无损约定租金。演出单位的营销推广基本上只能依靠自己，剧场的灯牌、广告牌等资源还得从场馆租赁费之外增加开支，剧场没有宣传推广动力，很大程度上制约优秀作品的推广传播。虽然现在不少正规演出单位和剧院依靠项目评估与可行性分析来对剧目的市场价值进行研判,与演出单位以分账的模式签约,按照对项目的评估,有四六、三七等多种分成方式,分账模式把演出的固定成本变成了浮动成本。不过相对来说,演出单位议价权通常不足,剧院方在合作中更占主动性与收益大头。同时,剧场单一收取场租的风险远远低于分账,且基金资助在场馆租赁费上比重较大,范围也相对单一,剧场很少有动力与压力为剧目策划宣传和推广活动,将票房收益最大化。

四是项目实施中场租结余情况较为普遍,利用率有待提升。在近五年项目实施中,课题组发现大多数主体较好地引入了上述资源的对接与投入,尤其是在场馆方面。21世纪以来,随着经济实力的增强,文化建设的硬件设施发展加快,各地陆续修建了一批剧院、场馆,配置了多媒体、数字化软硬件设备。但在运营上由于优质内容供应不足,许多剧院、场馆处于闲置或移为他用。艺术基金资助项目较好地符合了剧院、场馆对优质内容"请进来"的渴求,同时,部分剧院、场馆作为资助项目合作方,也在演出、展览场所上予以租金减免与资源配套,为资助项目"走出去"提供了切实的便利。如《坡芽情歌合唱音乐会》巡演项目在2017年度10场演出任务中,就有云南大剧院、南京艺术活动中心等多家剧场主动提出场租减免优惠,使得预计支出的25万元场馆租赁费,实际使用仅3万余元。在艺术基金全国性资助平台的带动、调控下,双方互为供需,良性互动,剧院为了吸引优秀的演出团队或者演出商,常以减免部分或者全部场租的方式，与演出团队或者演出商共分售票收入。面对场馆租赁费大比例结余的情况，部分项目尝试以"场租置换劳务"等创新方式，妥善解决演员劳务费问题。调研发现，项目主体通过与剧院剧场妥善进行谈判，由剧院方面承担演员劳务费，项目主体用部分票房收入或场馆租赁费置换剧院在演员劳务上的支出这样的情况并不鲜见。如辽宁芭蕾舞团承担的传播交流推广资助项目"芭蕾舞剧《二泉映月》巡演"，在实际操作中，申请将结余的57.82万元场租费与演出费作置换调整，并在获得批复后按照演出费发放标准发放演出费，项目得到了有效推进，演出也获得了较好的社会效益。

鉴于此，建议将现行支持的"场馆租赁费"调整为"演出补助"，包含场馆服务（场地租赁服务与其他配套的运营宣传服务）补助、演职人员演出补贴两部分内容。一方面，刺激项目主体将"走出去"的压力与动力传导到剧院场馆，推动剧院场馆创新实践和发展，更好地发挥国家艺术基金资助的引导调控作用，促进演出行业生态优化。另一方面，对于演职人员演出补贴，前述部分论述了艺术机构、单位是否有权限自行支取并用于演职人员激励这一议题。作为国有文艺院团"一团一策"改革的标杆——上海市，虽自2015年起就着手开展，一定程度上打破了绩效工资总额管理的"天花板"。但艺术基金资助项目资助基金是否归口在绩效工资来源范围内，目前上海市有关部门的解释口径不一，只明确指出"由市级财政拨款的收入纳入绩效总额管理",而未对纵向课题(项目)作出明确归口解释。中共中央办公厅、国务院办公厅印发《关于进一步完善中央财政科研项目资金管理等政策的若干意见》(中办发〔2016〕50号)后,地方纷纷出台省级纵向课题(项目)资金管理的实施性意见,明确"间接费用中绩效工资不纳入单位绩效工资总额基数"[1]。基于此,相关调研对象建议,在将来的《办法》中应明确相应补贴性收入"不纳入单位绩效工资总额基数",为相应机构、单位在演出人员经费上的开支行为提供依据。此外,相关单位也建议在实际支取上,可将补助分为两部分:一部分用于基础补助,另一部分作为激励奖励,充分体现公平合理、多劳多得的分配原则。

1.2 展览类调整为"展出补助"

调研结果显示,中国美术家协会、中国书法家协会等提出展览类项目的"场馆租赁费"应包含展览设计、布(撤)展劳务、搭建等配套服务。该意见出现频次为143次,有效百分比为48.81%。在对艺术机构、单位的直接调研中,阿坝藏族羌族自治州藏族传统编织挑花刺绣协会、四川省古玩收藏协会、太原市城市雕塑研究院等不同地域、层级、体制机制的机构、单位表示,应比照演出类项目调整,调整"场馆租赁费"为"展出补助"科目,含对场馆租赁及运营宣传等其他配套服务的补助以及对展陈工作人员活动的补贴。该意见出现频次为66次,有效

---

[1] 中共中央办公厅、国务院办公厅印发《关于进一步完善中央财政科研项目资金管理等政策的若干意见》,《紫光阁》2016年第9期,第5页。

百分比为22.53%。通过对上述关联意见进行合并，对场馆租赁费的名称及范围定义调整意见，累计有效百分比为71.34%。

2. 调整"软件开发费"

调研结果显示，中国美术家协会等提出网络文艺类项目的"软件开发费"应调整为"技术服务费"，包含软件平台技术开发，以及网络推广、运营及维护等技术服务。该意见出现频次为60次，有效百分比为40.27%；在对艺术机构、单位的直接调研中，宁夏师范学院、东北师范大学、吉林省中外文化交流中心等不同地域、层级、体制机制的机构、单位表示，应适当扩大"软件开发费"科目范围，包含平台开发、运营及维护费。该意见出现频次为19次，有效百分比为12.75%。通过对上述关联意见进行合并，对软件开发费的名称及范围定义调整意见，累计有效百分比为53.02%。

软件开发是系统性工作，包括需求梳理、原型设计、UI设计、编码开发、软件测试、软件发布及上线、后台运营维护等。根据中国软件行业协会颁布的《软件开发项目概算指南》规定，软件开发项目成本计算中应包括软件项目在开发过程中所耗费的各项费用，包括从设计阶段到测试完毕交付用户使用之间所发生的工资费、材料费、外协费、试验费、固定资产使用费、交通费、管理费等。中国美术家协会指出，如一项手机APP的技术开发要通过调研、设计、数据分析归拢、编程、写代码、设备兼容（适应Android和IOS系统），再到测试调整，以及后台数据采集和日常运营维护,这样才能获得一个完整的手机软件。以上一切科技研发与技术服务都应有所支持。相关艺术机构、单位也表示,软件平台上线后面临的是成果转化运用的现实问题,有些平台上线后,难以有效运营和维护,从而变成"僵尸平台",朝生而暮死,平台上的艺术资源陷入闲置状态。因此,需设立"技术服务费",对必要的开发、运营及维护费用给予支持。

(三)对开支类别限额比重标准的意见

由于传播交流推广项目经费开支具有广泛性、多样性和复杂性的特点,舞台艺术演出类项目的资助额度因艺术门类、参演人数、演出场次、演出地点等不同有较大差异,美术、书法、摄影、工艺美术展览类项目因展览的地点、场次、时长、展品数量等不同也会有额度上的差别。因此,对传播交流推广项目的探讨不集中于开支科目的额度,而对其在整体项目成本的比重标准进行调研。

调研过程中,共从859个调研对象中回收意见36967条,其中清除无意见、空白项不相关意见后,对重复项进行唯一性处理后,共录得有效意见数据413条。针对同一科目提出具体限额标准意见,不同于其他议题,要对累计有效意见出现频次百分比进行统计,对接近或超过50%的予以单独呈现,本部分因涉及的议题意见多样性较大,差异性较强,且为数字形式,特对其进行加权平均计算,所形成的意见汇总整理情况按艺术门类加以呈现。

1. 国（境）内舞台展演开支比重

科目	子科目	中央	省级	省级以下	事业单位	企业单位	国有	民营	东部地区	中西部地区	综合意见
直接费用	场馆租赁费	25%—45%	22%—40%	15%—40%	12%—40%	30%—35%	15%—35%	18%—33%	40%	35%	30%
	运输费	10%—15%	25%—10%	10%—25%	8%—25%	20%—24%	10%—24%	13%—23%	25%	24%	19%
	差旅费	22%—25%	23%—40%	20%—40%	28%—40%	35%—40%	30%—35%	33%—35%	40%	35%	33%
	学术研讨费	3%—15%	13%—25%	10%—25%	12%—25%	20%—24%	13%—24%	17%—24%	25%	24%	18%

2. 国（境）外舞台展演开支比重

科目	子科目	中央	省级	省级以下	事业单位	企业单位	国有	民营	东部地区	中西部地区	综合意见
直接费用	运输费	60%	50%—60%	30%—58%	55%	40%—55%	35%—55%	40%—54%	60%	55%	52%
	差旅费	60%	50%—60%	50%—58%	55%	55%—60%	50%—55%	40%—54%	60%	55%	55%
	学术研讨费	10%	10%	10%—15%	10%—18%	9%—20%	8%—55%	7%	10%	8%	13%

3. 国(境)内展览开支比重

科目	子科目	中央	省级	省级以下	事业单位	企业单位	国有	民营	东部地区	中西部地区	综合意见
直接费用	场馆租赁费	30%—48%	30%—37%	30%—35%	30%	30%—35%	33%	27.5%—30%	30%—40%	20%—32%	28%
	运输费	10%—29%	10%—24%	10%—22.5%	10%—19%	10%—28%	10%—25%	10%—20%	10%—25%	15%—23%	20%
	差旅费	20%—27%	20%	20%—25%	20%	20%—34%	10%—30%	30%	20%—36%	20%—27.5%	20%
	学术研讨费	21%—40%	20%—40%	25%—40%	20%—40%	20%—40%	24%—40%	20%—40%	23.5%—40%	21%—40%	32%

第二部分　调研数据分析情况

4. 国（境）外展览开支比重

科目	子科目	中央	省级	省级以下	事业单位	企业单位	国有	民营	东部地区	中西部地区	综合意见
直接费用	运输费	30%—47.5%	30%	30%	30%—50%	30%	30%	30%	30%	30%	32%
	差旅费	40%—54%	40%	40%	40%—55%	40%	40%	40%	40%	40%	42%
	学术研讨费	13%—40%	40%	40%	10%—40%	40%	40%	40%	40%	40%	37%

5. 网络文艺展演、展览比重

科目	子科目	中央	省级	省级以下	事业单位	企业单位	国有	民营	东部地区	中西部地区	综合意见
直接费用	软件开发费	30%—55%	25%—40%	30%—40%	20%—35%	38%—45%	30%—40%	33.5%—40%	35%—40%	15%—35%	40%
	内容制作费	35%—40%	40%	20%—35%	32.5%—40%	35%—45%	35%—40%	37%—45%	30%—45%	15%—35%	35%
	差旅费	10%—35%	10%—40%	10%—35%	15%—35%	10%—35%	20%—40%	10%—40%	15%—40%	15%—35%	25%

第二部分 调研数据分析情况

根据上述调研结果来看，现行"传播交流推广"资助项目的经费开支比重，受艺术门类、国（境）内外、规模体量、成本投入等因素而有较大浮动，尤其是国（境）内外的因素对差旅费、运输费有较大影响。从国（境）内展演、展览活动来看，场馆租赁费、运输费、差旅费、学术研讨费的开支结构比重分别为3:2:3:2、3:2:2:3，主要差别在于学术研讨会的差异。相较于舞台演出类的巡演，展览类项目的文献文脉梳理等学术化工作更多，对学术研讨费的需求较重。从国（境）外展演、展览活动来看，差旅费和运输费占比例较大，运输费、差旅费、学术研讨费的比重分别为4:4:2、3:4:3，展览类项目学术研讨费比重普遍高于舞台类巡演项目。

对传统艺术形式与现代科技手段相结合的传播交流推广项目，其现行的开支范围内，包含软件开发费、内容制作费、差旅费三个科目，占资助项目总经费比重为40%、35%、25%。调研数据显示出软件开发费比重与其他两科目拉开了梯度，这符合当前信息科技市场的实际情况。前端软件开发作为首要环节，也是投入最多的环节。随着新兴互联网技术加速更新换代，新老技术更替一方面意味着行业门槛的提高，也使得前端开发成为相对稀缺的职业。需求影响价格，前端开发人力成本也逐渐加重。在软件业内，"前端就是钱端"已成为普遍共识。传统艺术形式与现代科技手段相结合的传播交流推广项目，在实施中将重点放在艺术本体内容的传播形式与渠道的创新上，专注于发挥网络平台的多渠道、多样式的展示与资源分发传播功能的开发上,自然在成本结构上会有所体现。

(四)小结

根据双线调研意见,建议传播交流推广资助项目开支范围见表16。

表16 传播交流推广资助项目开支范围调整情况

类别	现行科目		建议调整
舞台展演	一、直接费用	场馆租赁费	演出补助
		运输费	运输费
		交通费	差旅费
		住宿费	学术研讨费
		伙食费	宣传费
		研讨会费用	—
		资料录制费	—
	二、间接费用	不可填	允许填列
展览	一、直接费用	场馆租赁费	展出补助
		运输费	策展费
		交通费	布(撤)展费
		住宿费	运输费
		伙食费	差旅费
		研讨会费用	展品制作(装裱、洗印)费
		资料录制费	学术研讨费
		与展览相关的出版费	宣传费
	二、间接费用	不可填	允许填列

（续表）

类别	现行科目		建议调整
网络文艺展演、展览	一、直接费用	软件开发费	技术服务费
		内容制作费	内容采集制作费
		交通费	运营推广及维护费
		住宿费	差旅费
		伙食费	—
	二、间接费用	不可填	允许填列

调整后"传播交流推广"项目的资助经费开支类别结构由直接费用、间接费用两部分构成，直接费用下设有若干子科目。舞台展演直接费用下包括演出补助、运输费、差旅费、学术研讨费、宣传费等5个子科目；展览直接费用下包括展品制作（装裱、洗印）费、展出补助、策展费、布（撤）展费、运输费、差旅费、学术研讨费、宣传费等8个子科目。运用互联网、新媒体等现代科技手段开展网络文艺展演、展览的项目：直接费用下包括技术服务费、内容采集制作费、运营推广及维护费、差旅费等4个子科目。较现行开支类别结构，一级科目总数不变，子科目减少3个。从开支科目设置上，体现出大类科目管理的特点，这更贴合艺术传播交流推广活动的实际。该类项目资助的大多是主体在自有场馆之外开展的巡演、巡展活动，具有外部性、社会性，与外界其他行为主体的合作模式是多种多样的，在实施中情况变化较多，内部开支结构不宜太死板，在资助中应当体现灵活性、多样性，更多体现总量控制而非严格范围控制的管理思路。

调整后相应科目的定义范围，建议为：

演出/展出补助：支付场馆方提供场地租赁服务与其他配套服务的补助以及演职人员/展陈工作人员工作补贴费用，对相应人员的补贴性收入"不纳入所在单位绩效工资总额基数"。

运输费：支付舞台设备/展品（与展品密不可分的包装物）等在进、出场馆期间的运输费用和运输过程中发生的保险费用。

差旅费：支付演出/展出期间发生的相关人员的城市间飞机、火车、轮船或租用大巴的费用、市内交通费、住宿费和伙食费。

学术研讨费：支付资助项目演（展）过程中召开的学术研讨会及资料录制制作的费用。

宣传费：支付资助项目演（展）相关的资料采集录制、印刷出版以及海报、宣传册、媒体报道等宣传活动的费用。

策展费：支付策展人员对整体展览项目进行构思、统筹与管理的费用。

布（撤）展费：支付展览布、撤展期间内，进行展品、辅助展品的布置与陈列，展柜、展具、灯光器材等辅助设备的安装、拆卸与整修等工作的费用。

展品制作（装裱、洗印）费：支付展品征集到具体展陈期间发生的制作、装裱（架上书画类作品）、洗印翻印（摄影作品）等活动的费用。

技术服务费：支付调研设计、编程开发、测试调整以及后台运营维护期间所发生的场地、硬件设备租赁和人工费用。

内容采集制作费：支付项目实施过程中所发生的内容信息采集、数字化制作的费用。

运营推广及维护费：支付项目成果上线后的宣传以及平台软件运营推广及维护活动的费用。

根据艺术基金资助目标和资助重点，参照"（三）对开支类别限额比重标准的意见"，建议各类传播交流推广活动直接费用下的各子科目开支限额比重标准见表17。

表17　传播交流推广资助项目开支范围调整情况

区域门类		国（境）内	国（境）外
舞台演出	演出补助	30%	20%
	运输费	20%	50%
	差旅费	40%	55%
	学术研讨费	20%	15%
	宣传费	10%	15%
展览	展出补助	40%	30%
	策展费	15%	15%
	布（撤）展费	15%	20%
	运输费	20%	30%
	差旅费	20%	40%
	展品制作费	10%	10%
	学术研讨费	30%	40%
	宣传费	10%	15%
网络文艺展演、展览	技术服务费	40%	40%
	内容采集制作费	35%	35%
	运营推广及维护费	25%	25%
	差旅费	25%	25%

三、艺术人才培养

艺术基金资助舞台艺术、美术、书法、摄影、工艺美术和网络文艺（网络演出、网络音乐）等领域的艺术专业人才和理论评论人才等培养活动。基本覆盖当前艺术活动的主要领域，对艺术作品的创作生产、市场经营和评价推介等环节都有涉及。

艺术人才培养资助项目并非全额资助，资助额度核定依据艺术门类、国（境）内外、学员数量、授课时长、招生对象等因素，划分为不同档次。针对申报项目实施计划和预算方案，组织财务专家论证，确定资助资金。因而，对艺术人才培养资助项目不涉及对"资助额度"的探讨。

通过对调研意见回收情况进行挖掘，对采集到的调研意见进行归纳分类，共划设出"开支类别构成""开支类别名称及范围定义""开支类别限额比重标准"等三类主要议题，并在具体议题探讨上，对调研对象对特定议题的意见分布与差别、分化加以描述、分析。

（一）对开支类别构成的意见

现行"艺术人才培养"资助项目的经费开支类别结构由直接费用、间接费用、不可预测费用等三部分构成，间接费用、不可预测费用经研究暂设置为不可列支，故而现无下设的子科目。直接费用下设有培训费、实践费两个一级科目，各自内设二级科目若干。

舞台艺术人才培养：资助经费开支范围包括教师授课费、场馆租赁费、差旅费、材料费、彩排费、演出费、考察实习费及其他。

一级科目	培训费						
子科目	教师授课费	场馆租赁费	差旅费			材料费	其他
			交通费	住宿费	伙食费		
一级科目	实践费						
子科目	彩排费		演出费		考察实习费		其他

美术、书法、摄影、工艺美术人才培养：资助经费开支范围包括教师授课费、场馆租赁费、差旅费、材料费、布展展览费、考察实习费及其他。

一级科目	培训费						
子科目	教师授课费	场馆租赁费	差旅费			材料费	其他
			交通费	住宿费	伙食费		
一级科目	实践费						
子科目	布展展览费			考察实习费		其他	

网络文艺人才培养：资助经费开支范围包括教师授课费、场馆租赁费、差旅费、材料费、布展展览费、考察实习费及其他。

一级科目	培训费						
子科目	教师授课费	场馆租赁费	差旅费			材料费	其他
			交通费	住宿费	伙食费		
一级科目	实践费						
子科目	布展展览费			考察实习费		其他	

理论评论人才培养：资助经费开支范围包括教师授课费、场馆租赁费、差旅费、材料费、布展展览费、考察实习费及其他。

一级科目	培训费						
子科目	教师授课费	场馆租赁费	差旅费			材料费	其他
			交通费	住宿费	伙食费		
一级科目	实践费						
子科目	布展展览费			考察实习费		其他	

对"艺术人才培养"资助项目的现有开支类别构成，共回收意见1704条，其中，376个调研对象针对具体科目提出新增、合并或删减的意见766条。为体现科目设置的互斥性、精简性原则，对同类或相近意见进行了压缩和合并，对单条意见出现频次有效百分比低于1%的意见数据进行过滤。在此基础上，以无异议（不单独列出）、新增、合并、删减等四类形式进行意见排布，呈现调研对象针对"艺术人才培养"资助项目开支类别构成的意见分布情况。对关联意见、同类问题进行合并，并做

了同色块突出处理，对累计有效意见出现频次百分比接近或超过50％，即出现频次超过"无异议"频次的有效意见进行分条描述。

1. "舞台艺术人才培养"项目

表18 "舞台艺术人才培养"开支类别构成意见汇总情况

层次	意见类型	协会调研			直接调研		
		意见	频次	有效百分比	意见	频次	有效百分比
一级科目	合并类别	—	—	—	—	—	—
	删减类别	—	—	—	—	—	—
	新增类别	—	—	—	—	—	—
子科目	合并类别	—	—	—	—	—	—
	删减类别	—	—	—	—	—	—
	新增类别	—	—	—	资料采集推广费	55	40.15％

经对137个调研对象的回收数据进行清洗统计，除去出现频次有效百分比低于1％的意见数据后，结果显示，重庆演艺集团、南昌大学、黄冈艺术学校等不同地域、层级、体制机制的机构、单位表示，应当设立"资料采集推广费"科目对舞台人才培养实训情况的录制制作和成果发布呈现活动进行支持。该意见出现频次为55次，有效百分比为40.15％。中国戏剧家协会、中国舞蹈家协会、中国杂技家协会及其他艺术机构、单位表示，从舞台艺术人才培养活动的完整过程来看，艺术基金现行资助的培训、实践费各科目，基本上覆盖完全，暂时无新增、删减、合并的科目，因此未提出其他意见。

2．"美术、书法、摄影、工艺美术人才培养"项目

表19 "美术、书法、摄影、工艺美术人才培养"开支类别构成意见汇总情况

层次	意见类型	协会调研			直接调研		
		意见	频次	有效百分比	意见	频次	有效百分比
一级科目	合并类别	—	—	—	—	—	—
	删减类别	—	—	—	—	—	—
	新增类别	—	—	—	—	—	—
子科目	合并类别	—	—	—	—	—	—
	删减类别	材料费	40	43.01%	—	—	—
	新增类别	成果报告书	40	43.01%	—	—	—
		印刷出版费	80	86.02%	成果出版费	11	11.83%
		行政管理费	40	43.01%	管理费	27	29.03%
		课程渠道合作费用	40	43.01%	—	—	—
		宣传费	40	43.01%	资料采集推广费	43	46.24%
		设备耗材费	40	43.01%	—	—	—
		运费	40	43.01%	运输费	17	18.28%

表19呈现出对"美术、书法、摄影、工艺美术人才培养"资助项目相关调研意见的分布情况，共有93个调研对象针对具体科目提出新增、删减科目的意见，现对累计有效意见出现频次百分比接近或超过50％的进行分条描述。

2.1 新增设立"印刷出版费"

现行艺术人才培养项目的资助经费开支范围中，并未设立相关科目对培养成果的出版活动进行补贴支持。调研结果显示，中国美术家协会、中国书法家协会等协会提出在"实践费"中设立新的子科目"印刷出版费"，配合成果展，注重成果形态，增

加学员教材、作品集、画册的印刷出版费用支持。该意见出现频次为80次,有效百分比为86.02%。在对艺术机构、单位的直接调研中,中国美术学院、四川美术学院、常州摄影家协会等不同地域、层级、体制机制的机构、单位表示,应当设立"成果出版费"科目对培训成果予以支持,推动其成果在更大范围内的传播,扩大项目社会效益。该意见出现频次为11次,有效百分比为11.83%。通过对上述关联意见进行合并,对设立印刷出版费的科目调整意见,累计有效百分比为97.85%。

2.2 新增设立"管理费"

现行艺术人才培养项目的资助经费开支范围中,不允许项目承担机构对项目计提管理费。调研结果显示,中国美术家协会等提出在"培训费"中设立新的子科目"行政管理费",对教学机构行政管理费用予以必要支持。该意见出现频次为40次,有效百分比为43.01%。在对艺术机构、单位的直接调研中,西南民族大学、东北师范学院、中国美术学院、四川美术学院、吉林动漫学院等院校类机构、单位表示,应当允许教学单位计提少量"管理费",以保障项目正常的软硬件及培训活动辅助人员配备。从五个年度艺术人才培养资助项目申报与实施主体看,将近50%的项目由高等艺术院校申报实施。院校单位按照课题制管理的经验,在申报艺术基金项目时一般以学科教师个人为主要申报者与项目负责人,项目执行所需的资源调配很大程度上依赖项目课题负责人的能力,学校只代为管理项目课题经费，但艺术基金现行情况下不允许学校计提管理费。对院团而言，申报与执行主体是完整单位，项目负责人一般为单位法人、高管等决策班子成员，可尽可能地给予项目实施中的资源配套与调度支持。院校如需调动相应的教师、教室、宿舍等资源，需有一定的经费支持，但在无相关科目及开支依据的情况下很难通过学校财务管理部门审批。如对于国家自然科学基金资助项目，在经费管理制度中允许开支"间接费用"，对在项目组织实施过程中发生的无法在直接费用中列支的间接成本、管理费用和绩效支出进行支持。其中，间接成本包括用于补偿学校为了项目提供的现有仪器设备及房屋折旧，以及水、电、气、暖消耗。绩效支出是指为体现项目科研人员价值，提高科研工作绩效而安排的人员激励支出。相关单位表示，虽然艺术基金是艺术实践类的项目，不能完全照搬科研类基金的经费开支制度，但在地方院校类单位的管理中，艺术基金项目与自然科学基金项目、社会科学基金项目都是统一作为国家科研类项目管理，为保证管理的有效性，结合艺术人才培养项目对教学管理单位的实际资源需求，建议比照国家自然科学基金，开设相应的"管理费"科目，同时考虑到艺术基金项目经费预算表中设有"其他"科目，但现行条件下不允许填列，建议激活"其他"科目，允许主体填列，主要起到"间接费用"的支持作用，按整体项目经费的5%核定，实行总额控制。该意见出现频次为27次，有效百分比为29.03%。通过对上述关联意见进行合并，对设立管理费的科目调整意见，累计有效百分比为72.04%。

2.3　新增设立"资料采集推广费"

调研结果显示，中国书法家协会等提出在"实践费"中设立新的子科目"宣传费"，注重对培训成果、学员作品的宣传推介。该意见出现频次为40次，有效百分比为43.01%。在对艺术机构、单位的直接调研中，新疆艺术学院、西南民族大学、敦煌中国画研究院、南京博物院等不同地域、层级、体制机制的机构、单位表示，按照《国家艺术基金艺术人才培养资助项目结项验收办法》的规定，艺术人才培养项目结项时需提交教学授课过程完整视频材料，交流、采风、排练、创作等实践环节的照片、视频，舞台艺术类等艺术人才培养项目的培训成果以表演形式呈现的，需提交学院结业演出照片和完整的音视频。按照硬性规定，每期培训时间应不少于两个月，不超过六个月，集中培训时间应不少于一个月，且不低于80学时，每学时以50分钟计，仅教学部分的视频录制总时长就不低于60小时，许多院校单位没有专业的视频录制机器与人员，需要单独租用和聘请人员，依市场行情来看，机器和视频录制人员每天的租用费在800—1000元，仅授课过程的基本开支不少于2.4万元，对培训单位是不小的负担。且艺术基金资助的人才培养项目的授课成果凝结着"名师高徒"的宝贵经验，如无影音留存，则有形成果稍纵即逝。为展现基金在艺术人才培养方面的资助成果与社会效益，要尽可能发挥培训资料的最大价值，将其作为艺术教育的优秀素材加以宣传推广。因此，建议设立"资料采集推广费"，用于培养培训成果的音像等资料的录制与宣传推广，限定其开支比重限额不得超过资助资金总额的5%，以推动培训成果在更大范围内的传播。该意见出现频次为43次，有效百分比为46.24%。通过对上述关联意见进行合并，对设立资料采集和发布推广科目调整意见，累计有效百分比为89.25%。

2.4 新增设立"运输费"

调研结果显示，中国美术家协会等提出在"实践费"中设立新的子科目"运费"，注重对学员作品资料的邮递寄送部分的支持。该意见出现频次为40次，有效百分比为43.01%。在对艺术机构、单位的直接调研中，景德镇陶瓷大学、山西省工艺美术馆、安徽师范学院、吉林艺术学院等不同地域、层级、体制机制的机构、单位表示，工艺美术类、当代艺术装置类的人才培养项目，因部分成品的重量过大，运输费开支较大，单件作品跨省一次运费就可能高达数百元。在项目实践中，集中培训时间结束后，学员一般返回所在单位完成作品，完成作品寄送到教学培训单位进行验收，以及参与成品展览期间、展览结束后返还给学员以及部分优秀作品寄送至艺术基金参与成果评审推介等过程，都会发生相关运输开支。建议增设"运输费"，限定其开支比重不得超过资助资金总额的5%。该意见出现频次为17次，有效百分比为18.28%。通过对上述关联意见进行合并，对设立运输费的科目调整意见，累计有效百分比为61.29%。

3．"网络文艺人才培养"项目

表20 "网络文艺人才培养"开支类别构成意见汇总情况

层次	意见类型	协会调研			直接调研		
		意见	频次	有效百分比	意见	频次	有效百分比
一级科目	合并类别	—	—	—	—	—	—
	删减类别	—	—	—	—	—	—
	新增类别	—	—	—	—	—	—
子科目	合并类别	—	—	—	—	—	—
	删减类别	—	—	—	—	—	—
	新增类别	—	—	—	资料采集推广费	7	9.33%

经对75个调研对象的回收数据进行过滤统计，除去出现频次有效百分比低于1%的意见数据后，结果显示，重庆大学、江南大学、上海音乐学院、吉林动漫学院等单位表示，应当设立"资料采集推广费"科目对网络文艺培训资料录制制作和成果发布呈现活动进行支持。该意见出现频次为7次，有效百分比为9.33%。中国戏剧家协会、中国音乐家协会、中国美术家协会及其他艺术机构、单位表示，从网络文艺人才培养活动的完整过程来看，艺术基金现行资助的培训、实践费各科目，基本上覆盖完全，暂时无新增、删减、合并的科目，因此未提出其他意见。

4．"理论评论人才培养"项目

表21　"理论评论人才培养"开支类别构成意见汇总情况

层次	意见类型	协会调研			直接调研		
		意见	频次	有效百分比	意见	频次	有效百分比
一级科目	合并类别	—	—	—	—	—	—
	删减类别	—	—	—	—	—	—
	新增类别	—	—	—	—	—	—
子科目	合并类别	—	—	—	—	—	—
	删减类别	材料费	40	56.34%	—	—	—
	新增类别	成果出版费	40	56.34%	作品出版费	11	15.49%
		咨询研讨费	40	56.34%	—	—	—
		管理服务费	40	56.34%	管理费	5	7.04%
		宣传费	40	56.34%	资料采集推广费	11	15.49%
		理论研究费	40	56.34%			

表21呈现出对"理论评论人才培养"资助项目相关调研意见的分布情况，共有71个调研对象针对具体科目提出新增或删减科目的意见，现对累计有效意见出现频次百分比接近或超过50%的进行分条描述。

4.1　删减"材料费"

调研结果显示，中国文艺评论家协会提出，偏重文学、剧本创作等以文字为主要载体的理论评论型人才培养项目，无须材料费支出，建议在"实践费"中裁撤掉理论评论类人才培养项目的"材料费"。该意见出现频次为40次，有效百分比为56.34%。

4.2 新增设立"成果出版费"

调研结果显示，中国文艺评论家协会提出在"实践费"中设立新的子科目"成果出版费"，增加学员教材、作品集的印刷出版费用支持。该意见出现频次为40次，有效百分比为56.34%。在对艺术机构、单位的直接调研中，河北省艺术研究院、山西省戏剧研究所、上海音乐学院等不同地域、层级、体制机制的机构、单位表示，应当设立"作品出版费"科目对培训成果予以支持，推动其成果在更大范围内的传播，扩大项目社会效益。该意见出现频次为11次，有效百分比为15.49%。通过对上述关联意见进行合并，对设立出版费的科目调整意见，累计有效百分比为71.83%。

4.3 新增设立"咨询研讨费"

调研结果显示，中国文艺评论家协会提出在"实践费"中设立新的子科目"咨询研讨费"，主要是对学员创作期间对业界专家的咨询，以及作品完成后组织专家进行研讨提高活动加以支持。该意见出现频次为40次，有效百分比为56.34%。

4.4 新增设立"管理服务费"

调研结果显示，中国文艺评论家协会提出在"培训费"中设立新的子科目"管理服务费"，对管理人员成本予以体现，更好地调动相关工作人员的积极性。该意见出现频次为40次，有效百分比为56.34%。在对艺术机构、单位的直接调研中，江苏省文化厅剧目工作室、上海戏剧家协会、山西戏剧职业学院等不同地域、层级、体制机制的机构、单位表示，应当允许对"管理费"进行开支。该意见出现频次为5次，有效百分比为7.04%。通过对上述关联意见进行合并，对设立管理服务费的科目调整意见，累计有效百分比为63.38%。

4.5 新增设立"资料采集推广费"

调研结果显示，中国文艺评论家协会提出在"实践费"中设立新的子科目"宣传费"科目。该意见出现频次为40次，有效百分比为56.34%。在对艺术机构、单位的直接调研中，湖南省艺术研究院、山西省戏剧研究所等不同地域、层级、体制机制的机构、单位表示，建议开设"资料采集推广费"。该意见出现频次为11次，有效百分比为15.49%。通过对上述关联意见进行合并，对设立资料采集推广费的科目调整意见，累计有效百分比为71.83%。

4.6 新增设立"理论研究费"

调研结果显示，中国文艺评论家协会提出在"实践费"中设立新的子科目"理论研究费"，主要是培训的成果需要后续深入的理论研究，否则人才培养的意义与得失成为空白。文本和作品相结合，同时加以理论研究，发挥出资金支持的延续性作用，对今后的培训有一定的借鉴意义。该意见出现频次为40次，有效百分比为56.34%。

（二）对开支类别名称及范围定义的意见

针对"艺术人才培养"资助项目的现有开支类别名称及范围定义，共回收意见1874条，其中，376个调研对象针对具体科目名称及范围定义提出具体调整意见761条。对同类或相近意见进行了压缩和合并，对单条意见出现频次低于10次的意见（出现频次有效百分比低于1%）进行过滤，所形成的意见汇总整理情况如表22所示。

表22 "艺术人才培养"开支类别构成意见汇总情况

类别	开支类别	协会调研			直接调研		
		意见	频次	有效百分比	意见	频次	有效百分比
舞台艺术人才	考察实习费	—	—	—	观摩费	47	34.31%
	彩排演出费	—	—	—	成果展示费	59	43.07%
美术类人才	教师授课费	教师教辅费	41	44.09%	教学费（含教辅）	7	7.53%
	场所租赁费	场地费用（含人员服务费）	40	43.01%	场地费	11	11.83%
	材料费	教材费	40	43.01%	书本教参材料费	23	24.73%
	考察实习费	调研费	40	43.01%	采风考察费	41	44.09%
	布展展览费	成果展示费	41	44.09%	成果展示费	50	53.76%
网络文艺人才	材料费	设备材料费	40	53.33%	—	—	—
理论评论人才	教师授课费	专家授课费	40	56.34%	—	—	—
	考察实习费	考察观摩费	40	56.34%	观摩采风考察费	26	36.62%

对表22中针对具体开支类别名称及范围定义议题上所有意见，通过无异议（不单独列出）、调整两类形式进行意见排布。对累计有效意见出现频次百分比接近或超过50%，即出现频次超过"无异议"频次的有效意见进行分条描述。

1. 调整"教师授课费"

调研结果显示，中国美术家协会等提出"教师授课费"，除纯粹的教学人员教学外，还应包含教学所需的教材教辅费用。该意见出现频次为41次，有效百分比为44.09%。在对艺术机构、单位的直接调研中，内蒙古自治区文学艺术界联合会、斯琴塔娜艺术博物馆、山西省工艺美术协会等不同地域、层级、体制机制的机构、单位表示，应调整"教师授课费"名称，变更为"教学费"科目，含教材教辅等参考材料的取得与翻印费用。该意见出现频次为7次，有效百分比为7.53%。通过对上述关联意见进行合并，对教师授课费的名称及范围定义调整意见，累计有效百分比为51.62%。此外，中国文艺评论家协会提出，应调整"教师授课费"名称为"专家授课费"，以确保除专业教职人员外，其他领域内从业人员、专业人士也可以充分参与教学。该意见出现频次为40次，有效百分比为56.34%。

2. 调整"场所租赁费"

调研结果显示，中国美术家协会等提出"场所租赁费"，除教学场地租用外，还应包含教学所需的辅助性工作人员费用，如助教人员等。该意见出现频次为40次，有效百分比为

43.01%。在对艺术机构、单位的直接调研中，新疆艺术学院、鲁迅美术学院、长春建筑学院等不同地域、层级、体制机制的机构、单位表示，应调整"场所租赁费"名称，变更为"场地费"科目，含教学场所本身附带的工作人员等辅助教学人员、投影仪等辅助教学设备的费用。该意见出现频次为11次，有效百分比为11.83%。通过对上述关联意见进行合并，对场所租凭费的名称及范围定义调整意见，累计有效百分比为54.84%。

3. 调整"材料费"

调研结果显示，中国美术家协会等提出对"材料费"名称及范围定义作出调整，对美术类艺术人才培养项目，"材料费"名称的使用可能只针对工艺美术范畴，主要指玉石、金银、陶瓷等工艺美术原材料，培训费中的"材料费"是指与教学参考书目、纸质材料等有关的，建议写成"教材费"。对网络文艺人才培养项目，中国美术家协会建议调整为"设备材料费"，包含教学所需的教辅材料、设备耗材等费用。该意见出现频次皆为40次，占两个不同类别项目该科目的意见总频次的有效百分比分别为43.01%、53.33%。在对艺术机构、单位的直接调研中，江苏师范大学、四川美术学院、同济大学、江苏凤凰美术出版社有限公司等不同地域、层级、体制机制的机构、单位表示，应调整"材料费"名称，变更为"书本教参材料费"科目。该意见出现频次为23次，有效百分比为24.73%。通过对上述关联意见进行合并，对教材材料费的名称及范围定义调整意见，累计有效百分比为67.74%。

4. 调整"考察实习费"

调研结果显示，中国美术家协会等提出对美术类艺术人才培养项目，"考察实习费"名称应调整为"调研费"。该意见出现频次为40次，有效百分比为43.01%。在对艺术机构、单位的直接调研中，南京艺术学院、淮安市书画院、新疆艺术学院等不同地域、层级、体制机制的机构、单位表示，应调整"考察实习费"为"采风考察费"。该意见出现频次为41次，有效百分比为44.09%。通过对上述关联意见进行合并，对采风调研相关经费的名称及范围定义调整意见，累计有效百分比为87.10%。中国文艺评论家协会提出，对理论评论人才培养项目相关科目应调整为"考察观摩费"。该意见出现频次为40次，有效百分比为56.34%。在对艺术机构、单位的直接调研中，云南省艺术研究院、四川省文化厅剧目工作室等不同地域、层级、体制机制的机构、单位针对理论评论人才培养项目表示，应调整"考察实习费"名称，变更为"观摩采风考察费"科目。该意见出现频次为26次，有效百分比为36.62%。通过对理论评论人才培养项目内的关联意见进行合并，对采风考察费的名称及范围定义调整意见，累计有效百分比为92.96%。而对于舞台艺术人才培养项目内的"考察实习费"，黄冈艺术学院、上海大剧院艺术中心等不同地域、层级、体制机制的机构、单位表示，舞台艺术类的人才培养环节，发生的主要为剧目现场观摩的费用,应调整"考察实习费"为"观摩费"。该意见出现频次为47次,有效百分比为34.31%。综合来看,不同类型的艺术人才培养项目考察实习活动主要为观摩演出、展览以及学员创作环节实地采风考察等。对相关调整意见进行汇总后,建议将原有的"考察实习费"科目修改为"观摩采风考察费"。

5. 调整"彩排演出/布展展览费"

调研结果显示,中国美术家协会等提出对美术类艺术人才培养项目,展览是成果展示、学术交流的机会,同时又可做社会推广,从策展到布展,再到宣传推广、设计等,"布展展览费"名称应调整为"成果展示费"。该意见出现频次为41次,有效百分比为44.09%。在对艺术机构、单位的直接调研中,西安美术学院、洛阳师范学院、新疆艺术学院等不同地域、层级、体制机制的机构、单位表示,应调整相关科目为"成果展示费"。该意见出现频次为50次,有效百分比为53.76%。通过对美术类艺术人才培养项目内的关联意见进行合并,对布展展览费的名称及范围定义调整意见,累计有效百分比为97.85%。对于舞台艺术人才培养项目内的"彩排演出费",河南豫剧院、银川艺术剧院有限公司、上海戏剧学院等不同地域、层级、体制机制的机构、单位表示,舞台艺术类的人才培养环节,最终的培养成果大多在专业舞台上进行汇报演出,发生的主要费用除彩排费、演出费外,还包含剧院场馆的租赁,服装、道具的租赁制作以及化妆费等,应扩大"彩排演出费"的范围。该意见出现频次为59次，有效百分比为43.07%。综合各方意见，建议将"彩排演出/布展展览费"统一调整为"成果展示费"科目，调整后涵盖范围更广，适应实际活动中对布展、彩排以及与之相关活动的经费开支需求，实际赋予了艺术机构、单位一定的调剂使用空间，使相应操作化繁为简、便于管理、便于执行，更加准确清晰，经费管理的灵活性得到有效体现。

（三）对开支类别限额比重标准的意见

由于艺术人才培养项目的资助额度因艺术门类、国（境）内外、学员数量、授课时长、招生对象等因素不同而有较大差异。因此，对艺术人才培养项目的探讨不集中于开支科目的额度，而对其在整体项目成本的比重标准进行调研。

调研过程中，共从376个调研对象中回收意见12659条，其中，清除无意见、空白项不相关意见后，对重复项进行唯一性处理后，共录得有效意见数据769条。针对同一科目提出具体限额标准意见，不同于其他议题，要对累计有效意见出现频次百分比进行统计，对接近或超过50%的予以单独呈现，本部分因涉及的议题意见多样性较大，差异性较强，且为数字形式，特对其进行加权平均计算，所形成的意见汇总整理情况按人才培养类型加以呈现。

1. 舞台艺术人才培养支出比重

一级科目	子科目	中央	省级	省级以下	事业单位	企业单位	国有	民营	东部地区	中西部地区	综合意见
培训费	教师授课费	25%	25%	25%	25%	25%—30%	25%	23%—40%	25%—30%	23%—30%	26%
	场所租赁费	20%—30%	30%	30%	30%	29%	29%	25%—30%	30%	27%—30%	29%
	材料费	5%	5%	5%	5%	5%	5%	5%	5%	5%	5%
实践费	差旅费	55%	55%	55%	55%	54%—60%	54%	50%—60%	55%—60%	53%—60%	55%
	彩排演出费	25%—30%	25%	25%	25%	23%—30%	24%	21%—30%	25%—30%	24%	26%
	演出费	20%—25%	25%	25%	25%	23%—30%	24%	21%—30%	25%—30%	24%	25%
	考察实习费	15%—20%	15%	15%	15%	15%	15%	12%—15%	15%	15%	15%

2. 美术类人才培养支出比重

一级科目	子科目	中央	省级	省级以下	事业单位	企业单位	国有	民营	东部地区	中西部地区	综合意见
培训费	教师授课费	25%—32.5%	25%—49%	22.5%—25%	25%—30%	25%—45%	25%—35%	25%—35%	25%—45%	25%—30%	31%
	场所租赁费	22.5%—25%	16.25%—25%	15%—25%	25%	25%	25%	20%—25%	25%	25%	24%
	材料费	10%—13.3%	10%—12.75%	10%	10%	10%—15%	10%—15%	10%—15%	10%—20%	10%	12%
实践费	差旅费	40%—55%	46.25%—55%	40%—55%	40%—55%	35%—55%	35%—55%	35%—55%	40%—55%	35%—55%	47%
	考察实习费	15%—23.3%	15%—21.67%	15%—35%	15%—30%	15%—30%	15%—30%	15%—35%	15%—35%	15%—30%	22%
	布展展览费	25%	22.5%—25%	15%—25%	15%—25%	20%—25%	20%—25%	25%	25%	15%—25%	23%

3. 网络文艺人才培养支出比重

一级科目	子科目	中央	省级	省级以下	事业单位	企业单位	国有	民营	东部地区	中西部地区	综合意见
培训费	教师授课费	25%	25%	25%	20%—25%	25%	24%	23%	25%	23%	24%
	场所租赁费	25%	25%	25%	0%—25%	25%	24%	23%	25%	23%	23%
	材料费	10%	10%	10%	10%—20%	10%	9%	8%	10%	9%	10%
	差旅费	55%	55%	55%	30%—55%	54%	53%	50%	55%	53%	53%
实践费	考察实习费	15%	15%	15%	15%—20%	13%	13%	12%	15%	13%	14%
	布展展览费	15%	15%	15%	10%—15%	13%	13%	12%	15%	13%	14%

4. 理论评论人才培养支出比重

一级科目	子科目	中央	省级	省级以下	事业单位	企业单位	国有	民营	东部地区	中西部地区	综合意见
培训费	教师授课费	31.10%	24.80%	25.20%	27.10%	24%	24.60%	24.50%	32.60%	26.20%	27%
	场所租赁费	28.60%	25.10%	17.10%	29.10%	17.40%	23.10%	16.80%	29.20%	23%	23%
	材料费	18%	9.80%	8.20%	13.10%	11.70%	16%	14.50%	15.60%	18.10%	14%
	差旅费	37.50%	34.50%	29.50%	36%	23.30%	26.50%	20.50%	33.30%	35.60%	31%
实践费	考察实习费	20%—60%	30%—60%	10.00%	30%—60%	30%—60%	30%—60%	25.00%	25%—70%	35.00%	33%
	布展展览费	10%—60%	10%—30%	10%—40%	10%—60%	10%—35%	10%—30%	10%—40%	10%—60%	10%—35%	14%

调研过程中，中国文艺评论家协会表示，现有社会上存在的各类人才培养计划，针对性与阶段性目标设置不够清晰，模板化操作，千人一法，本应课程设置先行，辅以师资配置，现在通常做法倒置，各门类教师随机配置，导致培训课程呈现均质化特征，摊丁入亩的操作方法，导致眼界拓展不够，应用效率有限，培养效果不达预期。结合对全国范围内艺术机构、单位的直接调研，艺术基金应立足于国家层面，对不同艺术人才培养目标、方向进行好顶层设计，对不同类别项目进行区别化管理。对艺术人才培养项目，针对培育"高精尖艺术人才"的资助整体思路，建议在原有的艺术人才培养类别下，进一步细化各艺术细类的人才培养类别，分层、分类培育艺术人才，依据侧重培养方向、培养方式、培训结构等的差异性，划分为理论研究型（含理论评论人才）、技艺传承（含舞台表演艺术人才、手工艺人才）、创作实训（含舞台创作人才、美术创作人才）三个培养大类，在培养大类内，制定相对宽泛的培养要求、标准与成果形式，并设立资助经费档次。在小部分国家层面紧缺急需的专业类别上，可由艺术基金制定课程大纲、课程体系，委托专业对口机构、单位实施培养。

针对开支结构类别比重标准，调研数据显示，艺术门类不同，侧重培养方向不同，培训费、实践费比重有所差异。如舞台艺术人才培养项目，培训费、实践费比重结构为6:4，其最终的实践形式主要为舞台剧目创排演出，所需耗费的成本较高，实践费比重远高于其他类型人才培养项目；美术类、理论研究类艺术人才培养项目，培训费、实践费比重结构为7:3，其实践形式多以成果展览及出版为主，在整体成本比重中相对较低，成本重心落于技法、技巧的传习教学上；网络文艺人才培养的人才培养项目，基本为8:2的培训费、实践费比重，其实践形式多以网络文艺作品的创作设计，多在网络环境下创作制作完成，在网络空间内传播演示，一般不发生现实实体演出，实践费比重占比最低。

（四）小结

根据双线调研意见，建议艺术人才培养资助项目开支范围如表23。

表23　艺术人才培养资助项目开支范围调整情况

类别		现行科目		建议调整	
		一级科目	子科目	一级科目	子科目
舞台类人才培养	一、直接费用	（一）培训费	教师授课费	（一）培训费	教师教辅费
			场馆租赁费		场地费
			交通费		差旅费
			住宿费		设备材料费
			伙食费		—
			材料费		—
			其他		—
		（二）实践费	彩排费	（二）实践费	成果展示费
			演出费		资料采集推广费
			考察实习费		观摩采风考察费
			其他		—
	二、间接费用	不可填		允许填列	

（续表）

类别	现行科目		建议调整	
	一级科目	子科目	一级科目	子科目
美术类人才培养	一、直接费用			
	（一）培训费	教师授课费	（一）培训费	教师教辅费
		场馆租赁费		场地费
		交通费		差旅费
		住宿费		设备材料费
		伙食费		—
		材料费		—
		其他		—
	（二）实践费	布展展览费	（二）实践费	成果展示费
		考察实习费		印刷出版费
		其他		资料采集推广费
		—		观摩采风考察费
		—		运输费
	二、间接费用	不可填	允许填列	
网络文艺人才培养	一、直接费用			
	（一）培训费	教师授课费	（一）培训费	教师教辅费
		场馆租赁费		场地费
		交通费		差旅费
		住宿费		设备材料费
		伙食费		—
		材料费		—
		其他		—
	（二）实践费	布展展览费	（二）实践费	成果展示费
		考察实习费		资料采集推广费
		其他		观摩采风考察费
	二、间接费用	不可填	允许填列	
理论评论人才培养	一、直接费用			
	（一）培训费	教师授课费	（一）培训费	教师教辅费
		场馆租赁费		场地费
		交通费		差旅费
		住宿费		—
		伙食费		—
		材料费		—
		其他		—
	（二）实践费	布展展览费	（二）实践费	成果展示费
		考察实习费		印刷出版费

（续表）

类别	现行科目		建议调整	
	一级科目	子科目	一级科目	子科目
		其他		资料采集推广费
		—		观摩采风考察费
		—		理论研究费
		—		咨询研讨费
二、间接费用	不可填		允许填列	

　　调整后艺术人才培养资助项目的经费开支类别结构由直接费用、间接费用两部分构成。直接费用下设有培训费、实践费两个一级科目，各自内设子科目若干。舞台艺术人才培养：培训费下包括教师教辅费、场地费、差旅费、设备材料费等4个子科目，实践费下包含成果展示费、资料采集推广费、观摩采风考察费等3个子科目；美术类人才培养：培训费下包括教师教辅费、场地费、差旅费、设备材料费等4个子科目，实践费下包含成果展示费、印刷出版费、资料采集推广费、运输费、观摩采风考察费等5个子科目；网络文艺人才培养：培训费下包括教师教辅费、场地费、差旅费、设备材料费等4个子科目，实践费下包含成果展示费、资料采集推广费、观摩采风考察费等3个子科目；理论评论人才培养：培训费下包括教师教辅费、场地费、差旅费等3个子科目，实践费下包含成果展示费、印刷出版费、理论研究费、资料采集推广费、咨询研讨费、观摩采风考察费等6个子科目。较现行开支类别结构，一级科目总数不变，子科目减少9个。

调整后相应科目的定义范围，建议为：

教师教辅费：支付集中培训期间聘请专业人士授课以及授课所需的教材教辅费用。

场地费：支付教学场所及附带的工作人员等辅助教学人员、投影仪等辅助教学设备的费用。

差旅费：支付集中培训期间发生的相关人员一次性往返于培训地点的飞机、火车、轮船或租用大巴的费用以及市内交通费、住宿费和伙食费。

设备材料费：支付集中培训期间所需的资料材料、设备耗材等费用。

成果展示费：支付培训成果的彩排演出、布展展览以及与之相关展示活动的费用。

印刷出版费：支付培训相关成果资料编辑成册、印制出版的费用。

理论研究费：支付对培训成果进行后续研究的费用。

资料采集推广费：支付项目实施期间发生的音像等资料采集录制以及后期剪辑制作与推广宣传的费用。

咨询研讨费：支付项目实施期间发生的专家咨询论证及研讨的费用。

观摩采风考察费：支付创作实践环节发生的必要的采风、调研、考察发生的交通费、伙食费、住宿费和观摩演出、展览的费用。

运输费：支付舞台设备/展品（与展品密不可分的包装物）等在进、出场馆期间的运输费用和运输过程中发生的保险费用。

课题组经过对调研建议的开支范围进行二度核验，决定对"增设管理费"的意见不予采纳。不同于国家自然科学基金实行课题组负责制，课题组所在单位作为依托单位，是相对独立于课题组外的客体，为项目实施提供的现有仪器设备及房屋，水、电、气、暖消耗，有关管理费用的补助支出及绩效支出等需要从资助资金中得到体现；国家艺术基金实行项目主体负责制，项目主体为非自然人的，是以独立法人单位作为项目申报与执行单位，其为项目实施提供的各项配套服务应视为内部组织管理服务，管理成本应体现在单位行政经费中。鉴于此，艺术基金资助项目不拟以任何形式计提管理费。

根据艺术基金资助目标和资助重点，参照"（三）对开支类别限额比重标准的意见"，建议各类艺术人才培养活动直接费用部分的各子科目开支限额比重标准见表24。

表24 各门类艺术人才培养活动子科目开支限额标准情况

科目 门类	培训费				实践费						
	教师教辅费	场地费	设备材料费	差旅费	成果展示费	印刷出版费	资料采集推广费	观摩采风考察费	运输费	理论研究费	咨询研讨费
舞台类人才培养	25%	30%	5%	55%	50%		10%	15%			
美术类人才培养	30%	25%	10%	50%	30%	10%	10%	15%	5%		
网络文艺人才培养	25%	25%	10%	50%	30%		10%	15%			
理论评论人才培养	25%	25%		30%	15%	10%	10%	15%		10%	10%

四、青年（个人）艺术创作

艺术基金对青年艺术创作人才的资助范围包括戏剧、曲艺编剧创作人才，音乐作曲创作人才，舞蹈、舞剧编导人才，舞台艺术表演人才，美术、书法、摄影创作人才和工艺美术创作人才等，基本实现了对艺术创作各个环节的全覆盖。

通过对调研意见回收情况进行挖掘，对采集到的调研意见进行归纳别类，共划设出"资助额度""开支类别构成""开支类别名称及范围定义""开支类别限额标准"等四类主要议题，并在具体议题探讨上，对调研对象对特定议题的意见分布与差别、分化加以描述、分析。

（一）对资助额度的意见

艺术基金对青年艺术创作人才资助项目实行定额资助，不同艺术门类的资助额度也会有所差异。青年艺术创作人才资助项目涉及多个艺术门类，不同艺术门类创作投入差别较大。调研对象针对青年艺术创作人才资助项目的资助额度标准，提出相关调研意见，不同门类资助额度意见分布情况如表25所示。

表25 青年艺术创作人才资助额度意见分布情况

艺术门类	资助额度（万元）	协会调研			直接调研		
		额度意见	频次	有效百分比	额度意见	频次	有效百分比
戏剧编剧	20	15—25	40	78.43%	25	6	11.76%

（续表）

艺术门类	资助额度（万元）	协会调研			直接调研		
		额度意见	频次	有效百分比	额度意见	频次	有效百分比
曲艺编剧	10	20	31	93.94%	20	2	6.06%
舞剧编导	20	无意见	10	52.63%	30	7	36.84%
舞蹈编导	10	20	10	58.82%	20	3	17.65%
音乐作曲	10	20	6	30.00%	20	5	25.00%
音乐指挥	20	无意见	6	100.00%	—	—	—
中国画	10	17	11	37.93%	15	6	20.69%
书法（篆刻）	10	无意见	3	12.00%	无意见	22	88.00%
油画	20	18	10	37.04%	无意见	17	62.96%
水彩（粉）画	10	15	40	88.89%	15	5	11.11%
版画	15	19	40	70.18%	无意见	17	29.82%
摄影	15	—	—	—	无意见	10	20.00%
雕塑	20	26	9	75.00%	25	3	25.00%
工艺美术	10	21	49	92.45%	20	4	7.55%
舞台表演	20	25	109	100.00%	—	—	—

集聚于"资助额度"议题上的调研意见，按其内容、频次和占总体意见数的有效百分比，勾勒出整体意见的分布状态。具体体现为：分布于"资助额度"议题上的有效意见数目为513条，认为"额度合理"，无须进行调整的意见条数为122条，需调整额度的意见条数为391条。其中认为需进行"额度调增"的意见数占据调整意见总数的87.21%，"额度调减"意见占比为2.56%，需依据项目实际情况，划设档次进行资助的意见占比为10.23%。

1. 编剧

分艺术门类来看，对于"编剧"门类的反馈意见占总体意见条数的16.38%。按照申报指南以及近年申报情况来看，以戏剧编剧、曲艺编剧为主。以下将分别对这两类编剧资助项目进行分类描述。

1.1 戏剧编剧

艺术基金管理中心在制订申报指南时，考虑当前各艺术门类发展不平衡、不充分的问题，结合艺术创作实际，经专家论证，适当提高了戏剧编剧的资助额度，确定为20万元。就此额度标准，中国戏剧家协会提出，剧本是戏剧表演落在文学上的概念，是为戏剧舞台表演所创作的脚本，必定随戏剧形式不同而有结构设计、体量以及语言风格的不同需求。例如，对话剧而言，剧本是整部剧目的核心，话剧剧本创作的体量及难度远高于舞剧、木偶戏等戏剧形式。因此，中国戏剧家协会提出应在"15万—25万元"的资助区间内，依据戏剧样式确定资助额度，如舞剧剧本15万元、话剧剧本25万元。该类意见在双线关于戏剧编剧资助额度的调研意见中，占比为78.43%。"调增为25万元"的意见由各地从事戏剧剧本创作的青年艺术家提出，占比为11.76%，另有9.81%的意见认为"额度合理"，无须进行调整。

1.2 曲艺编剧

依据"曲艺编剧"资助额度的调研反馈意见，中国曲艺家协会认为应由10万元调增为"20万元"。该类意见在双线关于曲艺编剧资助额度的调研意见中，占比为93.94%。"调增为20万元"的意见由从事曲艺剧本创作的青年艺术家提出，占比为

6.06%。经汇总，共有100%的调研意见认为曲艺编剧资助额度应调增为20万元。

2. 编导

对"编导"门类的调研反馈意见，占总体意见条数的6.44%，共计36条，分别分布于舞剧编导、舞蹈编导上。

2.1 舞剧编导

中国舞蹈家协会提出舞剧编导20万元的资助额度合理，无须调整。该类意见在双线关于舞剧编导资助额度的调研意见中，占比为52.63%。各地从事舞剧编导的青年艺术家提出，舞剧编导的成果很多时候需要筹备组织一台舞剧片段来呈现，租用相应的设备、场地，聘请演出人员的成本较高，建议费用应调增额度至30万元，该意见合计占比达36.84%，另有10.53%的意见认为"额度合理"，无须进行调整。从汇总情况来看，共有63.16%的意见认为无须调整。

2.2 舞蹈编导

中国舞蹈家协会提出舞蹈编导资助总额度应从10万元提高到"20万元"。该类意见在双线关于舞蹈编导资助额度的调研意见中，占比为58.82%。各地从事舞蹈编导的青年艺术家中，共有3条意见与中国舞蹈家协会一致，"调增为20万元"的意见合计占比达76.47%，另有23.53%的意见认为"额度合理"，无须进行调整。

3. 音乐作曲

中国音乐家协会提出音乐作曲资助总额度应从10万元提高到"20万元",认为现有的10万元费用不足以包括演出项目(即作品呈现)。该类意见在双线关于音乐作曲资助额度的调研意见中,占比为30%。各地从事作曲的青年艺术家中提出调增额度为20万元意见的占比达25%,汇总调增意见合计占比达55%,另有45%的意见认为"额度合理",无须进行调整。

4. 音乐指挥

中国音乐家协会提出音乐指挥20万元的资助额度合理,无须调整。该类意见在双线关于音乐指挥资助额度的调研意见中,占比为100%。

5. 舞台表演

中国戏剧家协会、中国曲艺家协会、中国杂技家协会等提出舞台表演人才资助总额度应从20万元提高到"25万元",认为个人形成完整剧目表演的过程中,需要邀请表演领域相关专家进行指导,以及召开讨论会,吸取专家意见,成本有所提升。该类意见在双线关于舞台表演资助额度的调研意见中,占比为100%。

6. 中国画

中国美术家协会提出国画创作资助总额度应从10万元提高到"17万元",认为优秀的国画作品在创作上所花精力、材料以及装裱等成本与油画相仿,在资助额度上应该接近,不应该有较大差别。该类意见在双线关于个人中国画创作资助额度的调研意见中，占比为37.93%。各地从事国画创作的青年艺术家中提出调增额度为15万元意见的占比达20.69%，汇总调增意见合计占比达58.62%，另有41.38%的意见认为"额度合理"，无须进行调整。

7. 书法（篆刻）

中国书法家协会提出书法（篆刻）10万元的资助额度合理，无须调整。该类意见在双线关于个人书法（篆刻）创作资助额度的调研意见中，占比为12%。各地从事书法（篆刻）创作的青年艺术家中提出"无须调整"意见的占比达88%。

8. 油画

中国美术家协会提出油画创作资助总额度应从20万元调减至"18万元"。该类意见在双线关于个人中油画创作资助额度的调研意见中，占比为37.04%。各地从事油画创作的青年艺术家中提出"无须调整"意见的占比达62.96%。从汇总情况来看，油画创作资助额度合理，无须进行调整。

9. 水彩（粉）画

中国美术家协会提出水彩（粉）画创作资助总额度应从10万元提高到"15万元"。一是因为艺术家创作作品所花费的心力不会因为画种的不同而改变，对画种的区别看待从某种角度上讲是对艺术的片面解读；二是从材料来看，进口水彩画材料价格不菲，甚至超过油画材料；三是画室空间租赁价格的上涨。该类意见在双线关于个人水彩（粉）画创作资助额度的调研意见中，占比为88.89%。各地从事水彩（粉）画创作的青年艺术家中提出调增额度至15万元意见的占比达11.11%，汇总意见为调增额度至"15万元"。

10. 版画

中国美术家协会、中国民间文艺家协会提出版画创作资助总额度应从15万元提高到"19万元"。认为版画因版种、画面尺寸、幅数、印数不同，差别很大，考虑到相关情况，对额度予以适当调增。该类意见在双线关于个人版画创作资助额度的调研意见中，占比为70.18%。各地从事版画创作的青年艺术家中提出"无须调整"意见的占比达29.82%。汇总意见后，应适当调增额度至"19万元"。

11. 摄影

中国摄影家协会提出，摄影创作中资料收集费、材料购置费、录音录像费基本可以忽略不计，如被资助的人员连设备都无法配备，说明其没有创作的基本条件，不应予以资助。故此项资助一般只涉及差旅费即可，但差旅费又因创作地点、时间不同有很大的差异，不好设定上限，因此无法提供相关意见。各地从事摄影创作的青年艺术家中提出"无须调整"意见的占比达20%。汇总意见后，不进行调整。

12. 雕塑

中国美术家协会提出雕塑创作资助总额度应从20万元提高到"26万元"。认为雕塑是美术的"重工业"，制作费较高，制作费包括了材料购置与制作人工，有的作品要专门到专业厂家制作才能完成。在设立雕塑资助额度时，应该将雕塑区别于美术界的其他画种，予以适当调增。该类意见在双线关于个人雕塑创作资助额度的调研意见中，占比为75%。各地从事雕塑创作的青年艺术家中提出"调增至25万元"意见的占比达25%。汇总意见后，应适当调增额度至"26万元"。

13. 工艺美术

中国美术家协会、中国民间文艺家协会提出工艺美术创作资助总额度应从10万元提高到"21万元"。认为工艺美术品种多，技艺差别大，材料使用广，作品体量和简繁对创作费用影响较大，建议上调资助额度。该类意见在双线关于个人工艺美术创作资助额度的调研意见中，占比为92.45%。各地从事工艺美术创作的青年艺术家中提出"调增至20万元"意见的占比达7.55%。汇总意见后，应适当调增额度至"21万元"。

（二）对开支类别构成的意见

现行"青年艺术创作人才"资助项目的经费开支类别结构由创作费、展览/演出费等两个一级科目构成，一级科目下设有若干二级科目，科目设置情况详见下表。

舞台艺术类创作：创作费科目下，现有资料收集费、材料购置费、差旅费、录音录像费等4个子科目；展览演出费科目下，现有演出费、差旅费等2个子科目。

一级科目	创作费			
子科目	资料收集费	材料购置费	差旅费	录音录像费
一级科目	展览演出费			
子科目	演出费		差旅费	

美术书法摄影工艺美术类创作：创作费科目下，现有资料收集费、材料购置费、差旅费、录音录像费等4个子科目；展览演出费科目下，现有展览费、差旅费等2个子科目。

一级科目	创作费			
子科目	资料收集费	材料购置费	差旅费	录音录像费
一级科目	展览演出费			
子科目	展览费		差旅费	

对"青年艺术创作人才"的现有开支类别构成，共回收意见1659条，其中，553个调研对象针对具体科目提出无异议、新增、合并或删减的意见1197条。从调研结果来看，舞台艺术人才创作与美术类人才创作间存在着开支结构上的较大差异，将对相关内容分类别呈现。同时，为体现科目设置的互斥性、精简性原则，对同类或相近意见进行了压缩和合并，对单条意见出现频次有效百分比低于1%的意见数据进行过滤，所形成的意见汇总整理情况如表26所示。

1. 对舞台艺术创作人才开支类别构成进行调整

表26 "青年艺术创作人才"资助额度意见分布情况

艺术门类	意见类型	协会调研			直接调研		
		意见	频次	有效百分比	意见	频次	有效百分比
一级科目	合并类别	—	—	—	—	—	—
	删减类别	—	—	—	—	—	—
	新增类别	—	—	—	—	—	—
子科目	合并类别			—			—
	删减类别						—
	新增类别	观摩学习费、深入生活费	142	66.98%	调研考察费	5	2.36%
		专家指导（咨询）费	120	56.60%	专家咨询费	19	8.96%
		创作制作费	62	29.25%	—	—	—
		舞美设计制作费	20	9.43%	—	—	—
		灯光设计制作费	20	9.43%	—	—	—
		服装设计制作费	51	24.06%	—	—	—
		音乐编曲费	32	15.09%	—	—	—
		排练、演出场地租赁费	122	57.55%	—	—	—
		宣传品设计制作费	51	24.06%	宣传费	33	15.57%
		作品出版制作费	83	39.15%	出版费	10	4.72%
	调换归属	录音录像费	92	43.40%	录音录像费	17	8.02%

对表26中针对"一级科目""二级科目"两个层次上所有意见，通过无异议（不单独列出）、调换归属位置、新增、合并

或删减五类形式进行意见排布，呈现调研对象针对舞台艺术类"青年艺术创作人才"开支类别构成的意见分布情况，对同类关联意见作了同色块处理，对累计有效意见出现频次百分比接近或超过50%，即出现频次超过"无异议"频次的有效意见进行分条描述。

1.1 增设"观摩考察费"

调研结果显示，中国戏剧家协会提出设立"观摩学习费"，中国曲艺家协会提出新增"深入生活费"，主要是对艺术家深入生活、扎根人民，通过观摩演出、实地调研考察等形式积累创作素材、梳理创作思路。相关意见出现频次为142次，有效百分比为66.98%。在对个人艺术家的直接调研中，提出增设"调研考察费"意见出现频次为5次，有效百分比为2.36%。合并设立"观摩考察费"意见，在整体调研中累计有效百分比为69.34%。

1.2 增设"专家指导费"

调研结果显示，中国戏剧家协会提出设立"专家指导费"，艺术创作过程，需要相关专家进行指导，以及召开作品讨论会，吸取专家意见，需对相关的专家指导咨询相关活动予以经费支持。相关意见出现频次为120次，有效百分比为56.60%。在对个人艺术家的直接调研中，提出增设"专家咨询费"意见出现频次为19次，有效百分比为8.96%。合并设立"专家指导费"意见，在整体调研中累计有效百分比为65.56%。

1.3 增设"创作制作费"

现有开支结构内，创作费部分仅包含资料收集费、材料购置费、差旅费、录音录像费，尚欠缺对具体创作制作活动的体现。例如，中国舞蹈家协会针对舞剧编导、舞蹈编导提出的"舞美设计制作""灯光设计制作""服装设计制作"，中国音乐家协会针对音乐作曲提出的"音乐编曲"以及音乐作品制作、演唱、录音、缩混等活动，中国曲艺家协会提出设立"创作制作费"的解决形式，即将相关创作类型内的具体创作活动进行归类集中，将作品形成过程中的具体细致的创作制作活动统合进"创作制作费"科目中。通过对上述关联意见进行合并，对创作制作费的科目调整意见，累计有效百分比为87.26%。

1.4 增设"排练、演出场地租赁费"

调研结果显示，中国戏剧家协会、中国曲艺家协会、中国音乐家协会等提出在"展览演出费"一级科目下设立"排练、演出场地租赁费"子科目。完成作品仅是项目任务的一半，而向世人呈现艺术家的劳动成果才是更重要的，因此建议体现展示和演出相关费用，尤其是排练、演出场地租赁的费用。相关意见出现频次为122次，有效百分比为57.55%。

1.5 调整"录音录像费"归属

调研结果显示，中国戏剧家协会、中国曲艺家协会、中国舞蹈家协会等提出"录音录像费"归属于"创作费"一级科目之下是不适当的，建议将其置入"展览演出费"一级科目下。主要是对具体舞台作品展示和演出过程的实况音像资料记录。相关意见出现频次为92次，有效百分比为43.40%。在对个人艺术家的直接调研中，提出调换"录音录像费"归属位置意见出现频次为17次，有效百分比为8.02%。合并设立"录音录像费"意见，在整体调研中累计有效百分比为51.42%。

2. 对美术类创作人才开支类别构成进行调整

表27 "美术类创作人才"开支类别构成调整意见汇总情况

层次	意见类型	协会调研			直接调研		
		意见	频次	有效百分比	意见	频次	有效百分比
一级科目	合并类别	—	—	—	—	—	—
	删减类别	—	—	—	—	—	—
	新增类别	—	—	—	—	—	—
子科目	合并类别	录音录像与资料收集合并	49	14.37%	—	—	—
	删减类别	录音录像费	202	59.24%	—	—	—
	新增类别	培训学习费	198	58.06%	采风考察费	7	2.05%
		工作室、画室租赁费（含水电）	89	26.10%	创作场所租赁费	17	4.99%
		专家指导咨询费	192	56.30%	专家咨询费	18	5.28%
		设计制作费	193	56.60%	—	—	—
		助手劳务费	198	58.06%	助理费	6	1.76%
		创作津贴	10	2.93%			
		生活补助费	20	5.87%			
		设备购置及维护费	49	14.37%	—	—	—
		运输费	58	17.01%	快递费	5	1.47%

（续表）

层次	意见类型	协会调研			直接调研		
		意见	频次	有效百分比	意见	频次	有效百分比
		画册编印、装裱费	202	59.24%	印刷装裱费	6	1.76%
		宣传推广费	98	28.74%	出版宣传费	10	2.93%
		成果印制费	11	3.23%	—	—	—

对表27中针对"一级科目""二级科目"两个层次上所有意见，通过无异议（不单独列出）、新增、合并或删减等四类形式进行意见排布，呈现调研对象针对美术类"青年艺术创作人才"开支类别构成的意见分布情况，对同类关联意见作了同色块处理，对累计有效意见出现频次百分比接近或超过50%，即出现频次超过"无异议"频次的有效意见进行分条描述。

2.1 删减"录音录像费"

调研结果显示，中国美术家协会、中国民间文艺家协会、中国书法家协会等一致提出删减"录音录像费"，认为如无后期宣传推广营销特殊要求，创作本身此项费用一般不会发生，创作过程也无必要全程记录。调研中发生的少量拍照和录像费用可纳入设计费中。相关意见出现频次为202次，有效百分比为59.24%。

2.2 增设"采风考察费"

调研结果显示，中国美术家协会、中国民间文艺家协会提出设立"培训学习费"，主要是对艺术家为进行艺术创作实地采风调研考察等形式积累创作素材、梳理创作思路。相关意见出现频次为198次，有效百分比为58.06%。在对个人艺术家的直接调研中，提出增设"采风考察费"意见出现频次为7次，有效百分比为2.05%。合并设立"采风考察费"意见，在整体调研中累计有效百分比为60.11%。

2.3　增设"专家指导费"

调研结果显示，中国美术家协会、中国民间文艺家协会提出设立"专家指导咨询费"，艺术创作过程，无论是前期收集资料或中期动笔阶段，还是后期的收尾工作，应鼓励艺术家多去咨询相关专家，通过有效的意见、建议、修改、调整个人作品。相关意见出现频次为192次，有效百分比为56.30%。在对个人艺术家的直接调研中，提出增设"专家咨询费"意见出现频次为18次，有效百分比为5.28%。合并设立"专家指导费"意见，在整体调研中累计有效百分比为61.58%。

2.4　增设"设计制作费"

现有开支结构内，创作费部分仅包含资料收集费、材料购置费、差旅费、录音录像费，尚欠缺对具体创作设计及制作活动的体现，而设计及作品制作过程是作品创作时间跨度最长、艺术家个人投入精力最多的阶段，需在经费开支中予以体现，建议增设"设计制作费"。相关意见出现频次为193次，有效百分比为56.60%。

2.5 增设"创作津补贴"

调研结果显示,中国美术家协会、中国民间文艺家协会、中国书法家协会等提出设立"助手劳务费""创作津贴""生活补助费"等科目,表示大多数青年创作人才身份为体制外新文艺群体,创作期间并无其他工资等收入。此外,大型的创作题材,需要搬运画材或者创作期间的搭手,也需要支付相关费用。中国民间文艺家协会结合版画艺术形式,指出版画印刷耗时耗力,特别是印刷量较大的作品、难度大的作品,需要助手的支持,应提供相关助手劳务费。综上,为保障青年文艺工作者的创作顺利进行,鼓励其创作热情,相关协会建议增加相关人员津补贴费用。相关意见出现频次为228次,有效百分比为66.86%。

2.6 增设"印刷(洗印)装裱费"

调研结果显示,中国美术家协会、中国民间文艺家协会、中国书法家协会等提出设立"装裱费""画册编印费"等科目,以对青年艺术家作品进行编辑、装裱、印制(摄影作品额外还需洗印)等,更好地推动青年艺术人才脱颖而出。相关意见出现频次为202次,有效百分比为59.24%。在对个人艺术家的直接调研中,提出增设"印刷装裱费"意见的频次为6次,有效百分比为1.76%。合并设立"印刷(洗印)装裱费"意见,在整体调研中累计有效百分比为61.00%。

（三）对开支类别名称及范围定义的意见

针对"青年艺术创作人才"资助项目的现有开支类别名称及范围定义，共回收意见2487条，其中，553个调研对象针对具体科目名称及范围定义提出具体调整意见374条。对同类或相近意见进行了压缩和合并，对单条意见出现频次低于10次的意见（出现频次有效百分比低于1%）进行过滤，所形成的意见汇总整理情况如表28所示。

表28 "青年艺术创作人才"开支类别名称及范围定义意见汇总情况

类别	开支类别	协会调研			直接调研		
		意见	频次	有效百分比	意见	频次	有效百分比
舞台艺术类创作	资料收集费	资料收集加工费	40	18.87%	—	—	—
	演出费	排练、演出费（含演职人员劳务费）	122	57.55%	含场地、演职人员劳务费	13	6.13%
		含研讨、出版费	46	21.70%	—	—	—
	录音录像费	作品制作费	9	4.25%	—	—	—
美术类创作	资料收集费	设计费	51	14.96%	—	—	—
		资料费	49	14.37%	—	—	—
	材料购置费	材料费	40	11.73%	—	—	—
	展览费	含场租、布撤展劳务、画册印制出版费等	199	58.36%	含场地、展览工作人员劳务费	41	12.02%
	录音录像费	设计制作费	183	53.67%	—	—	—

对表28中针对具体开支类别名称及范围定义议题上所有意见，通过无异议（不单独列出）、调整两类形式进行意见排布。对累计有效意见出现频次百分比接近或超过50%，即出现频次超过"无异议"频次的有效意见进行分条描述。

1. 调整"演出费"

调研结果显示，中国戏剧家协会、中国音乐家协会、中国杂技家协会等提出"演出费"的范围定义应包含排练、演出场地场所租用以及演职人员聘请等费用。该意见出现频次为122次，有效百分比为57.55%。在对艺术从业人员的直接调研中，相关个人提出范围调整意见与协会一致。相关意见出现频次为13次，有效百分比为6.13%。通过对上述关联意见进行合并，对演出费的名称及范围定义调整意见，累计有效百分比为63.68%。

2. 调整"展览费"

调研结果显示，中国民间文艺家协会、中国美术家协会等提出"展览费"的范围定义应包含展览场地租用以及布撤展工作人员的单独聘请等费用。相关协会也指出，一般而言，一项艺术基金资助的青年艺术创作人才项目很难支持创作出多组、多套、多件作品，也就难以独立成展。因此，对于美术类创作项目，展览并非必选项，可由画册出版或参加联展等方式进行结项，"展览费"范围可适当扩大，包含画册编印出版或者作品送审的相关费用。该意见出现频次为199次,有效百分比为58.36%。在对艺术从业人员的直接调研中,相关个人提出范围调整后应包含场地、展览工作人员劳务费用。相关意见出现频次为41次,有效百分比为12.02%。通过对上述关联意见进行合并,对展览费的名称及范围定义调整意见,累计有效百分比为70.38%。

3. 调整"录音录像费"

调研结果显示,中国美术家协会、中国书法家协会等提出"录音录像费"实非创作过程中必须,如不考虑删去的话,可调整为"作品设计制作费",包含作品设计、装裱、洗印印制等设计制作加工等活动开支。该意见出现频次为183次,有效百分比为53.67%。

(四)对开支类别限额标准的意见

针对"青年艺术创作人才"的现有开支类别限额标准,从553个调研对象中共回收意见24582条,其中,清除无意见、空白项等不相关意见后,对重复项进行唯一性处理后,共录得有效意见数据567条。对累计有效意见出现频次百分比进行统计,对接近或超过50%者予以单独呈现,本部分因涉及的议题意见多样性较大,差异性较强,且为数字形式,特对其进行加权平均计算,所形成的意见汇总整理情况按艺术创作门类加以呈现。

1. 戏剧编剧（单位：万元）

一级科目	子科目	中央	省级	省级以下	事业单位	企业单位	国有	民营	东部地区	中西部地区	综合意见
创作费	资料收集费	3	3	3	3	2	2	2	3	2	3
创作费	材料购置费	2	2	2	2	2	2	2	2	2	2
创作费	差旅费	3	3	3	3	3	3	3	3	3	3
创作费	录音录像费	1	1	1	1	1	1	1	1	1	1
展览	展览费	—	—	—	—	—	—	—	—	—	—
演出费	演出费	3	3	3	3	3	2	2	3	2	3
演出费	差旅费	3	3	3	3	3	2	2	3	2	3

2. 曲艺编剧（单位：万元）

一级科目	子科目	中央	省级	省级以下	事业单位	企业单位	国有	民营	东部地区	中西部地区	综合意见
创作费	资料收集费	2	2	2	2	2	2	2	2	2	2
创作费	材料购置费	2	2	2	2	2	2	2	2	2	2
创作费	差旅费	3	3	2	3	3	3	3	3	3	3
创作费	录音录像费	3	3	2	3	3	3	3	3	3	3
展览	展览费	—	—	—	—	—	—	—	—	—	—
演出费	演出费	5	5	4	5	5	5	5	5	5	5
演出费	差旅费	3	3	2	3	3	3	3	3	3	3

3. 舞剧编导（单位：万元）

一级科目	子科目	中央	省级	省级以下	事业单位	企业单位	国有	民营	东部地区	中西部地区	综合意见
创作费	资料收集费	2	2	2	2	2	2	2	2	2	2
创作费	材料购置费	2	2	2	2	2	2	2	2	2	2
创作费	差旅费	2	2	2	2	2	2	2	2	2	2
创作费	录音录像费	3	3	3	3	3	3	3	3	3	3
展览费		—	—	—	—	—	—	—	—	—	—
演出费		4	3	2	3	3	3	3	4	3	3
差旅费		3	3	3	3	3	3	3	3	3	3

4. 舞蹈编导（单位：万元）

一级科目	子科目	中央	省级	省级以下	事业单位	企业单位	国有	民营	东部地区	中西部地区	综合意见
创作费	资料收集费	1	1	1	1	1	1	1	1	1	1
创作费	材料购置费	1	1	1	1	1	1	1	1	1	1
创作费	差旅费	2	2	2	2	2	2	2	2	2	2
创作费	录音录像费	1	1	2	1	1	1	1	1	1	1
展览演出费		4	3	2	4	4	2	2	4	2	3
差旅费		2	2	2	2	2	2	2	2	2	2

5. 普乐作曲（单位：万元）

一级科目	子科目	中央	省级	省级以下	事业单位	企业单位	国有	民营	东部地区	中西部地区	综合意见
创作费	资料收集费	1	1	1	1	1	1	1	1	1	1
创作费	材料购置费	1	1	1	1	1	1	1	1	1	1
创作费	差旅费	2	2	2	2	2	2	2	2	2	2
创作费	录音录像费	1	1	1	1	1	1	1	1	1	1
展览演出费	展览费	—	—	—	—	—	—	—	—	—	—
展览演出费	演出费	3	2	2	3	2	2	2	2	2	2
展览演出费	差旅费	2	2	2	2	2	2	2	2	2	2

6. 普乐指挥（单位：万元）

一级科目	子科目	中央	省级	省级以下	事业单位	企业单位	国有	民营	东部地区	中西部地区	综合意见
创作费	资料收集费	2	1—2	2	2	2	2	2	2	2	2
创作费	材料购置费	2	2	2	2	2	2	2	2	2	2
创作费	差旅费	5	3.5	3	3.5	3.5	3	3	3	3	3.5
创作费	录音录像费	2	2	2	3	4	3.5	2	2	3	3
展览演出费	展览费	3	3	3	3	3	3	3	3	3	3
展览演出费	演出费	5	5	5	5	5	5	4	5	5	5
展览演出费	差旅费	3	3	3	3	3	3	3	3	3	3

7. 舞台表演（单位：万元）

一级科目	子科目	中央	省级	省级以下	事业单位	企业单位	国有	民营	东部地区	中西部地区	综合意见
创作费	资料收集费	2	1—2	2	2	2	2	2	2	2	2
创作费	材料购置费	2	2	2	2	2	2	2	2	2	2
创作费	差旅费	3	2—3	3	3	3—6	3	3	3	3	3
创作费	录音录像费	2	2	2	2—4	3—6	2—5	3	2	2	3
展览费		3	3	3	3	3	3	3	3	3	3
演出费		5	5	5	5	5	5	4	5	5	5
差旅费		3	2—3	3	3	3	3	3	3	3	3

8. 中国画（单位：万元）

一级科目	子科目	中央	省级	省级以下	事业单位	企业单位	国有	民营	东部地区	中西部地区	综合意见
创作费	资料收集费	8	4	4	1.5	2	2	2	6	2	4
创作费	材料购置费	10	8	8	6.5	5	7	4	10	7	7
创作费	差旅费	5	4	4	1.5	2	2	2	7	2	3
创作费	录音录像费	10	3	3	2.5	3	3	3	8	3	4
展览费		12	8	7	7	7	7	7	15	6	8
演出费		—	—	—	—	—	—	—	—	—	—
差旅费		2	2	2	2	2	2	2	2	2	2

9. 书法（篆刻）（单位：万元）

一级科目	子科目	中央	省级	省级以下	事业单位	企业单位	国有	民营	东部地区	中西部地区	综合意见
创作费	资料收集费	4	4	4	4	4	4	3	4	3	4
	材料购置费	3	3	3	3	3	3	3	3	3	3
	差旅费	2	2	2	2	2	2	2	2	2	2
	录音录像费	0	0	0	0	0	0	0	0	0	0
展览	展览费	10	8	6.5	3	10	10	8	8	5	8
演出费		—	—	—	—	—	—	—	—	—	—
	差旅费	1	1	1	1	1	1	1	1	1	1

10. 油画（单位：万元）

一级科目	子科目	中央	省级	省级以下	事业单位	企业单位	国有	民营	东部地区	中西部地区	综合意见
创作费	资料收集费	1.5	1.4	1.35	1.3	1.5	1.5	1.4	1.4	1.3	1
	材料购置费	4.5	4.4	4.3	4.2	4.5	4.5	4.5	4.5	4.3	4
	差旅费	1.6	1.5	1.5	1.5	1.6	1.6	1.6	1.6	1.5	2
	录音录像费	0.64	0.64	0.64	0.64	0.64	0.64	0.64	0.64	0.64	1
展览	展览费	10	8	6.5	3	10	10	8	8	5	8
演出费		—	—	—	—	—	—	—	—	—	—
	差旅费	2	1	1	1	2	2	2	2	1	2

11. 水彩（粉）画（单位：万元）

一级科目	子科目	中央	省级	省级以下	事业单位	企业单位	国有	民营	东部地区	中西部地区	综合意见
创作费	资料收集费	4.84	2.14	1.59	1.86	1.8	1.92	1.44	2.03	2.28	2
	材料购置费	4.31	4	2.81	2.24	2.8	2.92	2.49	4.03	2.84	3
	差旅费	2.91	2.19	1.81	1.95	2.02	2.26	2.24	2.2	1.4	2
	录音录像费	2.31	1.75	1.39	1.17	1.36	1.36	1.47	2.16	0.97	2
展览演出费	展览费	12	8	7	7	7	7	7	15	6	8
	演出费	—	—	—	—	—	—	—	—	—	—
	差旅费	2	2	2	2	2	2	2	2	2	2

12. 版画（单位：万元）

一级科目	子科目	中央	省级	省级以下	事业单位	企业单位	国有	民营	东部地区	中西部地区	综合意见
创作费	资料收集费	2.07	1.95	1.57	1.63	1.31	1.4	1.67	1.67	2.14	2
	材料购置费	4.64	6.17	2.86	7	5.13	3	5.38	3	4.21	5
	差旅费	2.71	2.37	1.56	2.25	1.86	2	2.17	2.33	2.58	2
	录音录像费	1.83	1.43	2.17	1.2	1.2	1.2	2	1.4	1.7	2
展览演出费	展览费	10.5	11.67	7.25	14	8	8	11.2	9	6.5	10
	演出费	—	—	—	—	—	—	—	—	—	—
	差旅费	2	1.83	2	1.25	2	2	2.33	2	1.75	2

13. 雕塑（单位：万元）

一级科目	子科目	中央	省级	省级以下	事业单位	企业单位	国有	民营	东部地区	中西部地区	综合意见
创作费	资料收集费	5	5	4	3.5	5	5	5	5	5	5
	材料购置费	10	10	16.25	7.5	10	10	10	10	10	10
	差旅费	—	2	1.5	1	1	1	1	2	1	2
	录音录像费	5	3.13	5	3.5	5	5	5	5	5	5
展览演出费	展览费	10	8	8	8	10	10	8	10	8	8
	演出费	—	—	—	—	—	—	—	—	—	—
	差旅费	2	2	2	2	2	2	2	2	2	2

14. 工艺美术（单位：万元）

一级科目	子科目	中央	省级	省级以下	事业单位	企业单位	国有	民营	东部地区	中西部地区	综合意见
创作费	资料收集费	5	5	4	3.5	5	5	5	5	5	5
	材料购置费	10	10	16.25	7.5	10	10	10	10	10	10
	差旅费	—	2	1.5	1	1	1	1	2	1	2
	录音录像费	5	3.13	5	3.5	5	5	5	5	5	5
展览演出费	展览费	10	8	8	8	10	10	8	10	8	8
	演出费	—	—	—	—	—	—	—	—	—	—
	差旅费	2	2	2	2	2	2	2	2	2	2

从"青年艺术创作人才"资助项目的开支成本结构来看，前期的创作费与后期的展览/演出费占比一般为5∶5的结构。一般而言，对艺术家个人创作的资助的实际成本体现在创作费部分，对后期作品的展览演出属于成果检验与宣传推广开支。在创作费部分，中国美术家协会等建议创作费的发放，在按照现有的分期拨付模式下，取消艺术家开具发票的环节，实行税后发放到个人或创作团队的账号上；同时建议艺术基金实施大项大类管理，对通过初评的艺术家的开支细项由艺术家自己按需求支配。例如，美术创作绝大部分是艺术家独立完成，每位艺术家又都有自己独特的绘画方式，美术材料如红木、玉雕、首饰、刺绣等与草编、剪纸等的价格又因不同的需要差别很大。作者在完成作品的同时，为了按要求开具发票，会多方费时应付解决，导致分散创作的持续性。

对于展览/演出费而言，无论创作的是舞台艺术作品还是美术书法摄影工艺美术作品，不可忽视的一点是，后期的展览演出成本正在逐步加重，且呈现出不断上涨的态势。在调研过程中，相关调研对象指出，展览演出是艺术基金的政策要求，并不能归入作品创作的正常成本内，且艺术基金资助很难支撑艺术家创作出多组、多套、多件作品，独立展演、展览的可行性不高，资助额度也与正常展演、展览实际成本难成正比。因此，相关调研对象建议对于青年艺术创作人才项目而言，成果展现与结项方式可有更多途径。

（五）小结

根据双线调研意见，建议青年艺术创作人才资助项目开支范围见表29。

表29　艺术人才培养资助项目开支范围调整情况

类别	现行科目		建议调整	
	一级科目	子科目	一级科目	子科目
舞台类人才培养	一、直接费用	（一）创作费	资料收集费	（一）创作费	资料收集费
			材料购置费		材料购置费
			交通费		观摩采风考察费
			住宿费		专家指导费
			伙食费		创作制作费
			录音录像费		—
		（二）展览演出费	演出费	（二）展览演出费	排练演出费
			交通费		差旅费
			住宿费		录音录像费
			伙食费		
	二、间接费用	不可填		允许填列	
美术类人才培养	一、直接费用	（一）创作费	资料收集费	（一）创作费	资料收集费
			材料购置费		材料购置费
			交通费		观摩采风考察费
			住宿费		专家指导费
			伙食费		设计制作费
			录音录像费		—
		（二）展览演出费	展览费	（二）展览演出费	展览展示费
			交通费		差旅费
			住宿费		印刷装裱费
			伙食费		—
	二、间接费用	不可填		允许填列	

调整后青年艺术创作人才资助项目的经费开支类别结构由直接费用、间接费用两部分组成，直接费用由创作费、展览演

出费两个一级科目构成，一级科目下设有若干二级科目。舞台艺术类人才培养：创作费科目下，设有资料收集费、材料购置费、观摩采风考察费、专家指导费、创作制作费等5个子科目；展览演出费科目下，设有排练演出费、差旅费、录音录像费等3个子科目。美术类人才培养：创作费科目下，设有资料收集费、材料购置费、观摩采风考察费、专家指导费、设计制作费等5个子科目；展览演出费科目下，设有展览展示费、差旅费、印刷装裱费等3个子科目。较现行开支类别结构，一级科目总数不变，子科目减少4个。

调整后相应科目的定义范围，建议为：

资料收集费：支付作品创作过程中书籍、音像等资料采集、复印、翻拍、翻译的费用。

材料购置费：支付作品创作过程中必需的设备耗材、原材料的采购及运输、装卸、整理、保管的费用。

观摩采风考察费：支付作品创作过程中必要的采风、调研、考察发生的交通费、伙食费、住宿费和观摩演出、展览的费用。

专家指导费：支付作品创作过程中发生的专家指导、咨询及论证的费用。

创作（设计）制作费：支付作品创作及制作环节发生的设计、编辑、装裱、印制（洗印）等活动的费用。

排练演出费：支付创作作品的彩排演出以及与之相关的展示活动的费用。

录音录像费：支付创作作品排练演出期间发生的音像资料采集录制以及后期剪辑制作与推广宣传的费用。

展览展示费：支付创作作品的布展展览以及与之相关的展示活动的费用。

印刷装裱费：支付创作作品资料编辑成册、装裱印制及出版的费用。

差旅费：支付作品展示期间发生的相关人员城市间的飞机、火车、轮船或租用大巴的费用以及市内交通费、住宿费和伙食费。

课题组经过对调研建议的开支范围进行再次核验，建议对美术类个人创作增设"创作津补贴"的意见不予采纳。创作津补贴是指支付作品创作过程中相关人员劳务及津补贴的费用。调研意见表示，青年艺术家个人在集中创作期间，往往处在脱产状态，没有固定的薪资报酬对其基本生活予以保障，且对于某些需要助手参与的美术创作活动，需要在资金安排中体现相关人员的劳动价值。对此，课题组认为，青年艺术创作人才的资助主要为激发青年创作活力，推出创作新人，培育后备艺术人才。青年艺术家个人以自然人身份申报并实施项目，作为主体进行艺术创作。艺术基金的资助并非是委托创作，项目主体负责人不应在项目中取酬，且脱产创作并非美术类创作的独有现象，不宜在开支范围中单独设置。综上考虑，决定在开支范围内不额外设置"创作津补贴"科目。

汇总"(一)对资助额度的意见""(四)对开支类别限额标准的意见",调研对象对各类青年艺术人才创作活动的建议资助的一般强度如表30所示。

表30 "青年艺术创作人才"资助额度调研建议检验情况

艺术门类	现行资助额度（万元）	调研建议	课题组意见	艺术门类	现行资助额度（万元）	调研建议	课题组意见
戏剧编剧	20	20	维持现有强度	书法（篆刻）	10	15	维持现有强度
曲艺编剧	10	21	维持现有强度	油画	20	18	维持现有强度
舞剧编导	20	20	维持现有强度	水彩（粉）画	10	17	维持现有强度
舞蹈编导	10	14	维持现有强度	版画	15	18	维持现有强度
音乐作曲	10	14	维持现有强度	摄影	15	8	8
音乐指挥	20	23	维持现有强度	雕塑	20	21	维持现有强度
舞台表演	20	25	维持现有强度	工艺美术	10	20	维持现有强度
中国画	10	18	维持现有强度				

根据艺术基金资助目标和资助重点,课题组对调研建议的一般资助强度数字进行了核验把关,认为调研建议的资助强度有一定的代表性,但现时不宜增加资助强度,并对部分门类创作活动的资助强度进行了统一与下调。理由如下。

一是现有资助强度能基本满足青年个人艺术创作需求。作为艺术创作的生力军,青年艺术从业者群体在进行个人创作时往往拥有成名艺术家创作、团体创作所不具备的简便性与自由度,筹备期短、素材获取的渠道较广、程序工作相对简便、持续时间较短,成本是对创作活动最真实客观的反映。因此,青年艺术创作人才资助项目开支范围较简单、资助资金额度也较小。从目前青年艺术从业者的收入水平来看,现行资助额度能够基本覆盖其创作时段内发生的各项成本费用,有效支持其自如地将艺术灵感转化为带有鲜明自我印记的艺术作品。

二是艺术基金资助要体现导向,给青年艺术从业者树立艰苦朴素的创作观念。从青年艺术创作人才资助项目的设立和实际资助情况来看,受到资助的青年艺术从业者往往崭露头角,正处于艺术创作的起飞阶段。对正在创作观、价值观形成和确立时期的青年艺术从业者来讲,抓好这一时期的观念养成就如同扣扣子,需要认认真真地把人生的"第一粒扣子"扣好。艺术基金要发挥好创作引导作用,引导青年艺术从业者以人民为中心而非以市场为中心的创作导向,树立艰苦朴素的创作观,而非追崇奢侈浮华的创作观,让清风正气铺筑青年艺术从业者成长之路,促进艺术界生态环境好转。

三是青年艺术从业者对现行资助强度接受度良好。从近五年青年艺术创作人才资助项目申报情况来看,该类项目申报量每年均有大幅度增长。2019年度,青年艺术创作人才项目申报数量较2018年度增加了1002项,增幅为44.7%,首次突破了

3000项。青年艺术创作人才资助项目在实施中，尚未出现因资金不足而终止创作计划的情形，从侧面证明现行资助额度基本覆盖创作成本开支。

四是各门类资助额度应体现均衡性。调研中，关于各门类创作资助不宜差距过大的呼声比较突出。尤其在美术创作领域，中国画、油画、版画、雕塑等门类的现行资助额度间差距较大。中国美术家协会、中国民间文艺家协会等调研对象指出，美术类作品在具体创作上所需精力、材料以及装裱等成本并无较大差别，在资助额度上应该接近。但考虑到现行资助额度不宜扩大，如做大幅度的调减处理以体现资助均衡，又与实际成本情况相悖。因此，课题组建议暂维持现行资助额度。但从本质来看，艺术基金对青年艺术创作人才资助项目是直接资助个人，优秀作品凝结着的个体劳动价值、艺术创造构思与能力应该是无差别的，在资助额度上差距不宜过于悬殊。

考虑到上述原因，课题组拟对各门类青年个人艺术创作活动的资助基本维持现有强度不变，对部分有所反映资助强度过高、差距不宜过大的门类予以额度调减处理。

梳理"（四）对开支类别限额标准的意见"，建议各门类青年个人艺术创作活动的各科目开支限额标准见表31。

第二部分 调研数据分析情况

表31 各门类艺术人才培养活动子科目开支限额标准情况（单位：万元）

科目	门类	戏剧编剧	曲艺编剧	舞剧编导	舞蹈编导	音乐作曲	音乐指挥	舞台表演
创作费	资料收集费	3	2	2	1	1	2	2
	材料购置费	2	2	2	1	1	2	2
	观摩采风考察费	3	3	3	3	3	3	3
	专家指导费	1	1	1	1	1	1	1
	创作制作费	3	2	3	2	2	3	3
	排练演出费	3	5	3	3	2	8	8
展览演出费	差旅费	3	3	3	2	2	2	3
	录音录像费	2	3	3	1	2	2	3

科目	门类	中国画	书法（篆刻）	油画	水彩（粉）画	版画	摄影	雕塑	工艺美术
创作费	资料收集费	2	2	2	2	2	0.5	2	2
	材料购置费	3	1	4	3	3	0.5	6	6
	观摩采风考察费	3	2	2	2	2	2	2	1
	专家指导费	1	1	1	1	1	0.5	1	1
	设计制作费	2	2	2	2	3	1	3	3
	展览展示费	4	4	4	4	4	2	4	4
展览演出费	差旅费	2	2	2	2	2	1	2	2
	印刷装裱费	1	1	1	1	1	0.5	1	1

第三部分　结论与建议

"艺术成本结构"调研历时逾四个月，通过委托调研与直接调研相结合的双线调研方式，推动调研覆盖全国范围各级各类艺术机构、单位以及艺术从业人员。通过对艺术基金现有资助艺术门类与项目类别成本开支情况的广泛调研论证，结果显示，现有资助方式与方法总体上科学合理，对项目的资助支持基本涵盖各类艺术活动完整过程，且针对性、可操作性较强，较贴合我国艺术发展实际。但由于艺术活动本身具有复杂性、多样性、不可完全预见的特点，这些特性所引发的大量具体诉求映射形成的成本结构与开支标准必然千差万别，调研较好地整合了不同意见和诉求，尽可能中立、客观、贴近实际地对相关成本结构实际情况进行呈现描述，可以说，基本实现了求取"最大公约数"的初衷。

调研是对相关意见的征集和整理统计，意见表达基于调研对象的个体知识经验体系差异因而有所区别，且本次调研覆盖面较广、样本量较大，最终回收的意见纷繁复杂。由此，整体研究采用聚类分析，聚类主要分为四个层次：一是主要根据"舞台艺术创作""传播交流推广""艺术人才培养""青年艺术创作人才"资助项目类型及相关艺术门类进行意见区分；二是对"资助额度""开支类别结构构成""开支类别名称及范围定义""开支类别额度比重标准"四类核心议题进行归类;三是对每类议题集聚意见按"无异议""具体调整意见"两种意见形式做划分;四是对"具体调整意见"进一步根据具体科目内容以及"新增""删减""合并""拆分"等不同操作形式区分出了不同类型的意见所指。数量繁多的调研意见经过上述四重聚类划分后,意见的针对性显著加强,便于精准、合理地做后续的研究分析。但聚类分析也有不可避免的局限性,即聚类分析是"求大同",重点关注为政策调整提供依据的优势性意见(累计有效意见出现频次百分比接近或超过50%),一些零散的、出现频次不高(累计有效意见出现频次百分比小于1%)的差异化意见很容易被就此遮蔽。

从整体调研数据结果来看,主要呈现出如下三个特征。

一是"无异议"的出现频次明显高于提出"具体调整意见"的频次。经统计,"无异议"意见出现频次是提出"具体调整意见"频次的2.7倍。"艺术成本结构"调研,是为《办法》制定提供依据的政策调研,且艺术基金运行已近五年,对项目经费管理规律、各艺术门类活动的成本构成有了较为全面的认识和经验积累,整体调研偏向于对已有认识和管理经验的检视论证。一方面,相关论证内容都通过前期调研、专家研讨等程序,在五年的资助实践中,经多次修改、研究,基础较好。"无异议"作为重要的意见表述形式之一,是对已有相关成果贴合艺术活动实际的认可，在提供决策依据方面更具参考意义。另一方面，调研所构建的公共领域是一个调研对象的意见得以展露和表达的平台，但它并非完全开放的公共领域，原因在于其存在议程设置和观点预设，加之"艺术成本结构"调研本身有较高的专业性、较为庞大的议题体系，调研对象对议题关注的广度、思考的深度、观点的自由度对调研结果有一定影响，为削弱这一影响，在前期调研意见表设计上除封闭式问题设置外，还设置有开放式的问题框征集意见，但"沉默的多数"仍然是所有意见征集时绕不开的实际问题。

二是针对一级科目提出的意见频次远远少于对子科目提出的意见频次。"艺术成本结构"调研的核心，是描画勾勒出相关艺术门类活动开支类别构成情况。开支类别结构一般由一级科目及其下的若干子科目构成。一级科目是总分类科目，是对某一大类艺术活动的具体内容进行总括分类的项目。如在舞台艺术创作中，创作活动作为创排演整体活动中的大类活动，创作费是一级科目，是归集、记录创作活动内各项子业务活动的开支发生及结果。可以说，一级科目形成了相关门类艺术活动的基础架构。从调研意见回收情况来看，针对一级科目提出的相关意见频次合计382次，关于子科目的意见出现频次合计10791次，两者间悬殊的体量差距，表明艺术基金资助项目的经费开支类别、开支科目在订立时，基本架构符合艺术创作生产实际，适用性较好。调整意见主要集中于子科目，既说明对艺术成本结构和艺术开支规律的探讨进入深微层次，也在一定程度上避免出现"大破大立"，造成艺术基金资助基础架构整体性更易的情况。从具体调整形式来看，子科目合并或删减成为主要趋势，整体科目较现行缩减近25个，表明实行总量控制、大类科目管理，较之僵化的范围约束更贴合艺术活动实际。

三是少数艺术门类活动的意见缺乏充分竞争，有走向趋同或极化的现象存在。通过计算单个样本有效调整意见在该艺术门类活动总体意见的占比率，可以呈现出相关意见的趋同或者极化程度。该比率值越高意味着单个调研对象提出相关具体意见在整个调研对象群体中的优势越大，更易导致最终出具的代表群体共识的意见出现趋同乃至走向极化。从统计学原理而言，样本量足够大时会在一定程度上抑制意见趋同或极化趋势。但在面对具体艺术门类活动时，这一设想实际上难以实现。一方面，部分艺术门类的从业人员较少、专业研究人员有限、大众认知不够广泛，属于阳春白雪、曲高和寡的高雅艺术，"外部性"不足。例如交响乐、歌剧等艺术门类，对其调研样本量远远低于戏曲、杂技等艺术门类，得到的相关调研意见缺乏有效竞争与充分对冲，可能形成寡头式、垄断式的"优势意见"。在此情况下，通过无限量增加样本量以削弱趋同或极化趋势是不可行的，片面追求样本量的足够大也会影响调研结果的专业性。通过计算交响乐、歌剧的意见趋同或极化值，基本维持在0.17。而戏曲的意见趋同或极化值仅为0.01。相关艺术门类活动调研意见较高的趋同或极化值，表明需在后期研究分析中，对不同艺术门类活动要求调高资助额度、扩大开支范围等调研意见需要辩证看待、谨慎处理。尤其在资助额度部分，调研意见出现寡头意见、极化意见的可能性较高，因为艺术生产要素除了一定的公共性外，也具有经济性和私人性。当生产要素集聚到某一组织或被较小群体所垄断时，定价权就可能被滥用，相关创作活动就会脱离正常价值，形成扭曲价格。正如经济学家亨顿指出的，艺术创作所产生更加确切的排他性、垄断性，会使得收益流向特殊利益团体[1]。课题组对此也保持高度警惕，依靠管理经验和专家判断再次做核查验证，增加调研意见的"外部性"，使相关意见脱离极化，回归正常区间。

深入梳理分析整体调研结果形成的基本结论是，艺术基金长期形成的分类申报、分类资助、分类管理的模式是合乎艺术创作生产等活动实情的。观照不同艺术门类、艺术形式、艺术活动具体凝练而成的艺术成本结构，在其整体成本体量、开支类别构成、开支范围内容、开支额度比重标准上，都有明显的差异特性。

---

[1] Hendon, W. S., Shanahan, J. L., & Macdonald, A. J. (1980). *Economic policy for the arts*. Abt Books. p.21.

1. 大型舞台剧和作品开支类别构成

一、直接费用									
一级科目	（一）创作费								
子科目	编剧费（含改编移植）	作曲费（含编曲、唱腔设计）	导演费（含编导、指挥）	舞美设计费					前期研讨费
				舞台置景设计费	灯光音响设计费	服装设计费	造型设计费	道具设计费	多媒体音像设计费	
一级科目	（二）制作费								
子科目	舞美制作费					舞美制作费			
	舞台置景制作费	灯光音响制作费	服装制作费	道具制作费	多媒体音像制作费				
一级科目	（三）排练演出费								
子科目	演职人员排演补贴	租赁费（含场馆、设备道具租赁等）	运输费	差旅费			化妆费	宣传费	录音录像费	艺术指导费	后期研讨费
				交通费	住宿费	伙食费					
二、间接费用									

2. 传播交流推广

展演类传播交流推广开支类别构成

一、直接费用								
子科目	演出补助	运输费	差旅费			学术研讨费		宣传费
			交通费	住宿费	伙食费	研讨会费用	资料录制费	
二、间接费用								

展览类传播交流推广开支类别构成

一、直接费用											
子科目	展品制作费	展出补助	策展费	布（撤）展费	运输费	差旅费			学术研讨费		宣传费
						交通费	住宿费	伙食费	研讨会费用	资料录制费	
二、间接费用											

网络文艺类传播交流推广开支类别构成

一、直接费用						
子科目	运营推广及维护费	技术服务费	内容采集制作费	差旅费		
				交通费	住宿费	伙食费
二、间接费用						

3. 艺术人才培养

舞台类人才培养开支类别构成

一、直接费用						
一级科目	（一）培训费					
子科目	教师教辅费	场地费	差旅费			设备材料费
			交通费	住宿费	伙食费	
一级科目	（二）实践费					
子科目	成果展示费		资料采集推广费		观摩采风考察费	
二、间接费用						

美术类人才培养开支类别构成

一、直接费用						
一级科目	（一）培训费					
子科目	教师教辅费	场地费	差旅费			设备材料费
			交通费	住宿费	伙食费	
一级科目	（二）实践费					

（续表）

子科目	成果展示费	印刷出版费	资料采集推广费	运输费	观摩采风考察费
二、间接费用					

网络文艺人才培养开支类别构成

一、直接费用					
一级科目	（一）培训费				
子科目	教师教辅费	场地费	差旅费		设备材料费
			交通费	住宿费	伙食费	
一级科目	（二）实践费				
子科目	成果展示费		资料采集推广费		观摩采风考察费
二、间接费用					

理论评论人才培养开支类别构成

一、直接费用					
一级科目	（一）培训费				
子科目	教师教辅费	场地费	差旅费		设备材料费
			交通费	住宿费	伙食费	
一级科目	（二）实践费				
子科目	成果展示费	印刷出版费	资料采集推广费	理论研究费	观摩采风考察费	咨询研讨费
二、间接费用						

4．青年艺术创作人才创作

舞台类创作人才开支类别构成

一、直接费用
一级科目
（一）创作费

（续表）

子科目	资料收集费	材料购置费	观摩采风考察费	专家指导费	创作制作费
一级科目	（二）展览演出费				
子科目	排练演出费		差旅费		录音录像费
二、间接费用					

美术类创作人才开支类别构成

一、直接费用					
一级科目	（一）创作费				
子科目	资料收集费	材料购置费	观摩采风考察费	专家指导费	设计制作费
一级科目	（二）展览演出费				
子科目	展览展示费		差旅费		印刷装裱费
二、间接费用					

综观上述分类调研成果，课题组建议在《办法》出台与经费管理上，应遵循"分类出台、分类管理"的基本思路，从顶层设计上加强经费支持的科学性和精准度，对不同类别项目、不同门类艺术活动，进行区别化资助与大类科目管理。在此基础上，建议出台《国家艺术基金舞台艺术创作资助项目经费管理办法》《国家艺术基金传播交流推广资助项目经费管理办法》《国家艺术基金艺术人才培养资助项目经费管理办法》《国家艺术基金青年艺术创作人才资助项目经费管理办法》四个分类办法。下一步，课题组将继续深入研究整体调研所呈现出的不同类别艺术活动的成本结构，推动其尽快转化形成《办法》的核心文本表述，推动《办法》尽快制定出台。

后 记

我们的艺术如此繁盛,有锣鼓钟磬配得上庙堂盛典,有写意水墨可枕山河入梦,有皮影杂技联结无穷尽的俗世欢愉。而每种艺术形式的诞生,都离不开经济的滋养与驱动。君子或可远庖厨,但也是要吃饭的。艺术发展至今,更是需要持续不断、科学合理的投入。一直以来,艺术经济、艺术成本的研究,多少有点语焉不详,特别是关注当下和具体过程的实证分析偏弱。这本报告虽是应政策制定而生,但也是对此课题的一次内探,它是一个起步,是一块基石,等待着后来人站上去,去看得更高、更远、更透彻。

报告在成书过程中集合了许多人的智慧,研究最基础、最核心的数据均通过调研获得,调研就要集纳"众家之言",这离不开诸多文艺界单位、组织机构的大力支持,许多单位踊跃建言,提出了宝贵的意见,特此致谢。

韩子勇

致　谢

中国文学艺术界联合会

中国戏剧家协会

中国美术家协会

中国文艺评论家协会

中国曲艺家协会

中国摄影家协会

中国书法家协会

中国杂技家协会

中国舞蹈家协会

中国民间文艺家协会

中国音乐家协会

中国文学艺术基金会

北京市文化和旅游局

北京杏坛文化传播有限公司

金影天成（北京）影视文化发展有限责任公司

北京清心文化有限责任公司

天津市文化和旅游局

天津美术学院

天津歌舞剧院

天津人民艺术剧院

上海市文化和旅游局

上海音乐学院

上海戏剧学院

上海芭蕾舞团

上海当代艺术博物馆

上海大学

上海交响乐团

上海爱乐乐团

上海凯蓝市场营销策划有限公司

上海大剧院艺术中心

重庆市文化和旅游发展委员会

重庆大学

四川美术学院

重庆美术馆

重庆演艺集团有限责任公司

重庆市曲艺团有限责任公司

致 谢

重庆市京剧团有限责任公司

重庆市话剧院有限责任公司

重庆歌舞团有限责任公司

重庆市歌剧院

河北省文化和旅游厅

河北省河北梆子剧院演艺有限公司

河北省杂技团演艺有限公司

山西省文化和旅游厅

山西省晋剧院

山西省话剧院有限责任公司

中北大学

左权县开花调艺术团

山西演艺（集团）有限责任公司

临县道情研究中心（吕梁市民间艺术团）

太原市城市雕塑研究院

山西省工艺美术协会

山西省工艺美术馆

江苏省文化和旅游厅

江苏省演艺集团有限公司

扬州市木偶研究所

江南大学

南京师范大学

南京博物院

常州市摄影家协会

浙江省文化和旅游厅

浙江京昆艺术中心

中国美术学院

绍兴市演出有限公司

杭州十竹斋艺术馆

安徽省文化和旅游厅

安徽再芬黄梅文化艺术股份有限公司

安徽师范大学

福建省文化和旅游厅

福建省实验闽剧院

福建省莆仙戏剧院有限公司

福建省安溪县高甲戏剧团

泉州市木偶剧团

福建京剧艺术传承保护中心（福建京剧院）

集美大学

江西省文化和旅游厅

江西省话剧团有限责任公司

南昌大学

景德镇陶瓷大学

吉安市采茶歌舞剧院

山东省文化和旅游厅

山东省吕剧院

山东艺术学院

山东师范大学

青岛市歌舞剧院有限公司

山东城市印象广告传媒有限公司

潍坊市书画家联谊会

河南省文化和旅游厅

河南省文化艺术研究院

郑州大学

洛阳师范学院

河南豫剧院

河南歌舞演艺集团有限责任公司

河南百纳星空文化传播有限公司

湖北省文化和旅游厅

湖北省歌剧舞剧院有限责任公司

武汉京剧院有限责任公司

武汉汉剧院

黄冈艺术学校

湖南省文化和旅游厅

湖南省艺术研究院

湖南省歌舞剧院有限责任公司

湖南省花鼓戏保护传承中心

湖南省昆剧团

广东省文化和旅游厅

广州大剧院

深圳市关山月美术馆

深圳书画艺术学院

南方科技大学

深圳市永兴元科技股份有限公司

海南省旅游和文化广电体育厅

海南省民族歌舞团有限责任公司

海南中视文化传播股份有限公司

致 谢

四川省文化和旅游厅

四川交响乐团

西南民族大学

四川音乐学院

成都市川剧研究院

南充市非物质文化遗产保护中心

阿坝藏族羌族自治州藏族传统编织挑花刺绣协会

成都锦美蜀绣文化有限公司

贵州省文化和旅游厅

贵州省黔剧院

贵州大学

贵州省话剧团有限责任公司

云南省文化和旅游厅

云南省民族艺术研究院

云南艺术学院

玉溪滇剧（国家非物质文化遗产）传承保护展演中心

曲靖师范学院

红河哈尼族彝族自治州民族文化工作团

富宁县民族文化工作队

陕西省文化和旅游厅

西安美术学院

西安儿童艺术剧院有限责任公司

陕西省杂技艺术团有限公司

陕西省歌舞剧院有限公司

陕西人民艺术剧院有限公司

陕西水墨长安文化艺术有限公司

甘肃省文化和旅游厅

敦煌研究院

兰州歌舞剧院

甘肃省陇剧院

甘肃省歌舞剧院有限责任公司

青海省文化和旅游厅

青海黄南州热贡画院

青海省平弦艺术保护传承中心

青海省藏剧团（黄南藏族自治州民族歌舞剧团）

黑龙江省文化和旅游厅

黑龙江省龙江剧艺术中心

黑龙江省歌舞剧院有限公司

致 谢

黑龙江省京剧院

辽宁省文化和旅游厅

辽宁人民艺术剧院

辽宁芭蕾舞团

辽宁歌剧院

沈阳杂技演艺集团有限公司

鲁迅美术学院

沈阳师范大学

辽宁师范大学

吉林省文化和旅游厅

吉林省艺术研究院

吉林省中外文化交流中心

吉林艺术学院

长春工业大学

东北师范大学

吉林省戏曲剧院

吉林省曲艺团有限责任公司

新疆维吾尔自治区文化和旅游厅

西北师范大学

新疆一行文化艺术学术中心

昌吉回族自治州艺术剧院（昌吉回族自治州民族歌舞剧团、昌吉州《新疆曲子》剧团）

昌吉回族自治州艺术剧院

石河子大学

新疆艺术学院

吐鲁番欢乐盛典旅游文化有限公司

新疆生产建设兵团文化体育广电和旅游局

新疆生产建设兵团豫剧团

新疆生产建设兵团歌舞剧团

新疆兵团军垦博物馆

内蒙古自治区文化和旅游厅

内蒙古民族艺术剧院

呼和浩特民族演艺集团有限公司

内蒙古自治区话剧院（内蒙古自治区儿童艺术剧院）

斯琴塔娜艺术博物馆

内蒙古欣业文化传媒有限公司

广西壮族自治区文化和旅游厅

广西艺术学院

广西壮族自治区戏剧院

广西杂技团有限责任公司

宁夏回族自治区文化和旅游厅

宁夏师范学院

银川艺术剧院有限公司

宁夏演艺集团歌舞剧院有限公司

西藏自治区文化厅

西藏自治区藏剧团

西藏自治区话剧团

西藏文化发展促进会